MANUAL DO CORRETOR DE LUXO

A virada de chave

EDITORA
CHAVE MESTRA®

EDITORA
CHAVE MESTRA®

Av. Marcos Penteado de Ulhoa Rodrigues,
1119 – Tamboré, Alphaville – SP,
Ed. Office Shopping Tamboré –
Andar 21 – Sala Chave Mestra
CEP: 06460-040
@editorachavemestra
editora@editorachavemestra.com.br
www.editorachavemestra.com.br

Título original em português:

Manual do corretor de luxo:
a virada de chave

DIREÇÃO EDITORIAL
Raquel Medeiros

COORDENAÇÃO EDITORIAL
Bartira Costa Neves

EDITORIA JR.
Larissa Robbi Ribeiro

ASSISTÊNCIA EDITORIAL
Amanda Karine Grossel
Eloiza Andrade
Flávio Alfonso Jr.

REVISÃO
Maíra Meyer Bregalda
Salvine Maciel

DIAGRAMAÇÃO E PROJETO GRÁFICO
Daniel Marchesani

***BRANDING* DE CAPA**
Izzo Medeiros

Dados Internacionais de Catalogação na Publicação (CIP)

Vale, Rogério (Organizador)

V149 Manual do corretor de luxo: a virada de chave / Rogério Vale(org.). — 1. ed. — Barueri, SP: Chave Mestra, 2025. 248 p.; 16 x 23 cm.

ISBN 978-65-5496-121-9

1. Corretagem de imóveis de luxo. 2. Mercado imobiliário de alto padrão.
3. Vendas e negociação. 4. Empreendedorismo imobiliário.
5. Estratégias comerciais. 6. Desenvolvimento profissional. I. Título.

CDD-333.33

MANUAL DO CORRETOR DE LUXO

A virada de chave

PREFÁCIO

Manual do corretor de luxo: a virada de chave nasce da união de mentes brilhantes e experiências reais de corretores que vivem, diariamente, os desafios e as conquistas do mercado imobiliário de alto padrão. São corretores cuja trajetória é marcada por excelência, visão estratégica e um profundo conhecimento do universo do luxo.

Esta obra é mais do que um guia técnico, é um compêndio de vivências, aprendizados e segredos compartilhados por profissionais que entendem que vender imóveis de luxo vai muito além de apenas fechar negócios: trata-se de construir relações, oferecer experiências e entregar valor com sofisticação e autenticidade.

Cada capítulo que compõe este livro traz *insights* práticos e inspirações poderosas para quem deseja se destacar nesse mercado exigente, no qual o detalhe faz toda a diferença. Seja você um corretor iniciante ou experiente, este manual é um convite para elevar sua *performance* e conquistar o reconhecimento que o verdadeiro corretor de luxo merece.

Boa leitura!

E que este livro seja o seu próximo passo rumo à excelência.

Gustavo e Flávio Mendonça

cucina funzionale
TRATTORIA

SUMÁRIO

MANUAL DO CORRETOR DE LUXO

Aldemar Salvino

Meu nome é Aldemar Salvino, filho mais velho de três irmãos, pai da Alícia e desde pequeno um sonhador. Nasci em São Paulo em uma família simples, com poucos recursos financeiros, mas com muito amor. Meus pais sempre nos deram proteção e valores morais pelo exemplo. Sou abençoado por tê-los.

Desde cedo eu queria trabalhar e, aos 12 anos, já carregava sacolas na feira. Aos 14, era pacoteiro no mercadinho e, depois, até os 18, fui repositor. Era início de 2000 quando soube que seria pai e precisava mudar algo.

A seguir, conto como entrei no mercado imobiliário e a importância das parcerias para eu chegar até aqui: corretor de imóveis focado no alto padrão de São Paulo, cofundador da Homesphere Boutique Imobiliária e sócio no evento Missão Alto Padrão & Luxo — com edições em Nova York, Dubai, Miami e São Paulo.

aldemar.salvino

Aldemar Salvino

www.homesphere.com.br

aldemar@homesphere.com.br

1 O PODER DA PARCERIA NO MERCADO IMOBILIÁRIO DE LUXO

Por Aldemar Salvino

Decepção com vendas

Antes de falar sobre o mercado imobiliário, permita-me contar como foi minha primeira experiência na área comercial.

Eram meados de 2000, minha filha nasceria em breve e eu precisava ganhar mais. O ponto é que os anúncios no jornal exigiam um currículo mais completo ou eram para vendedor sem remuneração fixa — diferentemente do regime CLT no mercadinho onde eu trabalhava.

Atendi a um anúncio e iniciei como vendedor de curso de inglês nos Jardins. Apesar de não ter ajuda de custo, estava empolgado e logo após o treinamento presencial fiz a primeira venda. A comissão era de R$ 60,00 e eu só a receberia dois meses após a compensação do cheque. Não era um prazo longo, mas eu, sem reserva e com uma filha a caminho, rapidamente fiquei sem dinheiro para ir ao escritório, para almoçar ou para custear qualquer outra coisa.

Eu continuava acreditando e havia feito mais vendas, porém, na tarde do dia 13 de setembro de 2000, a ficha caiu. Eu estava no bairro do Paraíso indo visitar um cliente para vender o curso e recebo uma mensagem. Minha filha Alícia estava nascendo! Eu precisava ir à maternidade e não tinha dinheiro para comprar um passe de metrô. Uma senhora em uma banca de jornal me "emprestou" após me ver pedindo dinheiro a um jornaleiro. Lembro-me claramente dessa cena e de cada detalhe.

Talvez eu não tivesse me dedicado o suficiente, mas ali, pensando na minha filha, decidi que precisaria voltar a ter a "estabilidade" de um salário fixo, mesmo que baixo. Fiquei mais alguns meses com esse trabalho de vendas e, quando saí, fiquei com uma sensação de decepção com essa área. Recentemente, me peguei pensando como teria sido se eu tivesse começado como corretor naquela época: talvez eu não estivesse aqui.

O início no mercado imobiliário

Continuei procurando emprego em classificados e, bem no início de 2001, recortei um anúncio que guardo até hoje. Foi a porta de entrada — não programada — para o mercado imobiliário:

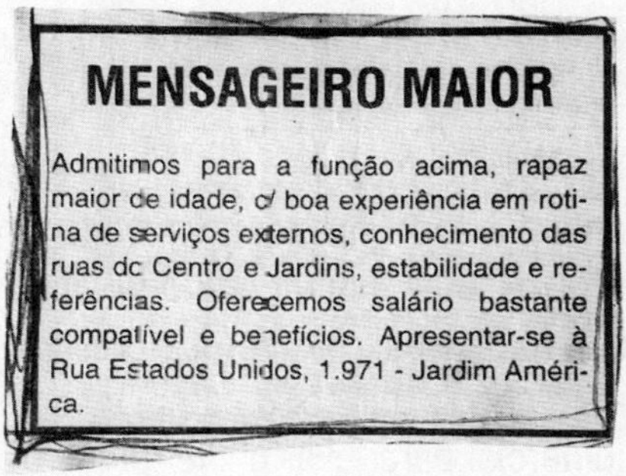

MENSAGEIRO MAIOR

Admitimos para a função acima, rapaz maior de idade, c/ boa experiência em rotina de serviços externos, conhecimento das ruas do Centro e Jardins, estabilidade e referências. Oferecemos salário bastante compatível e benefícios. Apresentar-se à Rua Estados Unidos, 1.971 - Jardim América.

Após a segunda entrevista, dessa vez com o chefe de tesouraria, comecei como *office-boy* na Lopes Consultoria no dia 12 de fevereiro de 2001. Minha função era fazer os serviços bancários e envelopar as notas fiscais e duplicatas. Cerca de quatro meses depois fui para o setor de contas a pagar como auxiliar de tesouraria e, em 2003, já como assistente de tesouraria, fiquei responsável pela pagadoria — departamento que efetuava o pagamento dos corretores e gerentes.

Eu fazia a custódia dos cheques de comissão, o pagamento e os relatórios. Sabia quanto cada corretor ganhava e dois pontos me chamavam a atenção. Pegando a média dos últimos doze meses:

- mais da metade dos corretores tinha um resultado extremamente ruim e raramente apareciam para retirar cheques;
- um percentual pequeno dos corretores alcançava valores cerca de três vezes maiores do que o do diretor financeiro ou do administrativo.

Eu passei a focar no segundo grupo: observava os hábitos, conversava e tentava encontrar um padrão nos melhores. Uma vez, fechando o relatório de recebimentos, pensei: a probabilidade de alguém ganhar vinte salários mínimos é maior como corretor, já que ali havia dezenas com esse resultado e apenas um diretor financeiro.

Olhando as primeiras posições, percebia também que muitos deles eram focados, comunicavam-se bem, tinham postura, vestiam-se bem e eram comerciais até na hora de pedir um favor.

Outro ponto interessante é que raramente havia um cheque grande para um corretor diferente. E, quando isso acontecia, eu parabenizava e tentava saber mais. Fiquei mais de dois anos fazendo esses pagamentos e posso afirmar uma coisa: raros eram os casos de sorte nas grandes comissões. Acontecia? Sim, mas era exceção aquela história de que, "do nada", o cliente entrou no plantão e fechou um negócio de milhões. Quase nenhuma das grandes comissões fazia parte da sorte ou do acaso: elas eram construídas.

Fiquei na Lopes até 2005, quando aceitei o desafio de criar o setor financeiro de uma empresa também do mercado imobiliário, focada em promoção e eventos para incorporadoras e imobiliárias. Foi um período muito importante na minha vida profissional e também pessoal. A empresa cresceu rápido; eu me tornei gerente financeiro e, anos depois, diretor da área, mas sempre acompanhando os malabarismos do comercial para levar o cliente até o plantão de vendas.

Em 2013, voltei para a Lopes, ainda no financeiro, ajudando a gerenciar as aquisições que a empresa vinha fazendo de imobiliárias focadas em usados. No final desse ano, trazendo algumas reflexões da época da tesouraria e somando aos mais de dez anos de experiências anteriores, decidi pedir demissão e começar a trabalhar como corretor de imóveis. Tive medo.

Corretor iniciante

Até este momento não falei em parcerias — que podemos definir como "reunião de pessoas por interesse e objetivo comum; companhia, sociedade".

Geralmente tendemos a pensar na parceria no sentido comercial, mas antes, pra chegar aqui, tive parceiros que me ajudaram na vida e preciso agradecer a eles: a meus pais, por todo o suporte e, principalmente, orações; a minha filha, que me fazia querer ser mais; ao chefe de tesouraria João Manoel, que, muitas vezes, me emprestava o dinheiro do almoço ou da ida à faculdade; Nelson Ribeiro e Márcia Bacci, que me ajudaram a realizar sonhos meus para a Alícia e, no início de 2014, quando comecei como corretor de imóveis, o Paulo Mota. Sou muito grato a todos eles, a minha parceira de vida, Vanessa Mendes, e, sem dúvida, a Deus.

Comecei em uma imobiliária do grupo e tive a sorte de cair na equipe do Paulo Mota. Tive grandes ensinamentos desde o início, dentre eles o de trabalhar em parceria dentro da própria equipe — o que não era nada comum naquela época. Outra importante lição dele: "Você não precisa saber de contrato, arquitetura, engenharia ou leis, mas saber de tudo isso o aproxima do fechamento do negócio". Desde então passei a ler e entender os contratos, não apenas a acompanhá-los.

Foquei o bairro da Vila Mascote e tive a sorte de vender em 28 dias um apartamento de R$ 490 mil — guardo cópia do contrato como troféu. Alguns anos depois, no final de 2014, eu e mais três sócios abrimos uma imobiliária e seguimos juntos até o fim de 2015. Logo após me desligar, abri a Finder Imóveis, focada em parcerias, com custo fixo muito baixo — apenas *site* e endereço fiscal.

Um ano depois, meu irmão, Rodrigo Salvino, veio trabalhar comigo — segue como meu "braço direito" até hoje. Marcel Forster teve uma passagem como meu sócio antes de decidir morar no exterior. Nesses anos todos, até 2019, foram muitos testes, ajustes, mudanças de rota, dificuldades, aprendizados, mas voltar atrás já não era opção.

Uma das grandes parcerias

Em 2019, eu e o Thiago Granato, hoje sócios, assinamos uma venda importante que começou a ser plantada no final de 2018. Tínhamos imobiliárias no mesmo formato — enxutas — e pensávamos de maneira muito parecida sobre atendimento, diferenciais e, principalmente, parcerias. Combinamos de iniciar alguns trabalhos pontuais juntos e formarmos uma sociedade no futuro — nascia ali a Homesphere.

Sempre investi muito em conhecimento, dentro e fora do mercado imobiliário, e no ano de 2019, além do Conecta e de outros dois eventos que eu frequentava há anos, comprei o ingresso para ir a um evento promovido por Thiago Granato e Sergio Langer, a primeira edição do Missão Alto Padrão & Luxo.

Eram apenas quinze participantes, e lembro que perguntaram, na palestra da Dayanne Costa, corretora em Miami: "Como você faz campanhas para compradores?". Ela respondeu: "Meus clientes são os outros corretores e ligo para eles quando preciso vender algo. Quase sempre eles já estão atendendo um cliente no perfil e o fechamento é mais rápido". O participante repetiu a pergunta como se ela não tivesse entendido, e ela repetiu a resposta.

Obviamente, o mercado americano é mais maduro e organizado, sendo mais fácil, seguro e prático trabalhar em parceria. Apesar disso, temos aplicado na Homesphere essa cultura de pensar rapidamente no parceiro.

Logo após essa Missão, comprei o ingresso para a primeira edição em New York. Além de visitarmos projetos icônicos, como o Central Park Tower, onde pisamos no 113º andar, com vista incrível para o parque, visitamos também operações imobiliárias que movimentam bilhões de dólares em parcerias. Mais recentemente, tornei-me sócio do evento.

A Homesphere

Em agosto de 2021, durante a pandemia, abrimos a empresa mantendo a ideia do custo baixo, inicialmente sem equipe e mais uma vez nos concentrando bastante em parcerias como principal fonte de portfólio e negócios.

Em 2024, decidimos apostar em uma equipe forte e crescer. Ricardo Farias foi o primeiro a se juntar a nós. Logo depois, veio o Marcos Strafacce como sócio-diretor comercial. Neste exato momento, temos doze corretores na equipe. Além disso, nós nos conectamos ao *hub* Pilar e seguimos investindo forte e crescendo.

Mais de 90% dos negócios que fechamos hoje são em parceria, e tenho orgulho de dizer que, ao longo desses anos, construímos uma rede confiável de grandes parceiros, dentro e fora de São Paulo, e dentro e fora do mercado imobiliário.

Parcerias fora do mercado imobiliário

Recentemente, fizemos um *open house* de uma casa projetada pelo Studio MK27, em Paraty, no Rio de Janeiro. Além de nos juntarmos ao grande parceiro André Duek, da One Sotheby's Realty Miami, também fizemos parceria com o Zé Luiz, da Ferretti Yatchs, que convidou setenta clientes que foram em quase vinte barcos; a Architecture Hunter, que além de produzir um material cinematográfico incrível entrevistando o Kogan, trouxe a Trousseau com o enxoval da casa e presente para os convidados. Para completar esta recepção aos clientes, trouxemos o chef do Fugu Sushi e vinhos premiados da Casa Valduga.

Para parcerias no mercado imobiliário de luxo — em que cada detalhe conta, cada relação pode abrir caminhos e cada conexão pode selar ou ruir uma venda, é essencial analisar confiança, experiência e resultado.

"Um bom corretor de imóveis pode chegar longe, mas atingir seu potencial máximo dependerá de sua capacidade de construir reais parcerias."

Aldemar Salvino

Arianne Correia de Oliveira

Sou Arianne Correia, empresária baiana de 30 anos, apaixonada pelo mercado imobiliário e inovação digital. Formada em Biotecnologia pela UFBA, troquei a carreira acadêmica pelo empreendedorismo. Superei preconceitos e dificuldades, especializei-me em *marketing* digital e hoje lidero quatro empresas que revolucionaram o mercado imobiliário. Minha missão é empoderar mulheres para que superem barreiras e conquistem resultados reais com coragem e estratégia.

ariannecasabrick

+55 (11) 95131-8393

Arianne Correia

ariannecorreia@casabrick.com.br

2 MULHERES QUE REINVENTAM O MERCADO IMOBILIÁRIO

Por Arianne Correia de Oliveira

Uma decisão que mudou tudo

Quando abandonei minha carreira acadêmica, senti profundamente o peso das dúvidas e críticas que me cercavam. Abandonar uma bolsa na USP e abrir mão da segurança parecia uma escolha imprudente aos olhos de muitos, especialmente da minha família. Senti muita dor nessa decisão, misturada com medo, ansiedade e a pressão constante de não desapontar aqueles que eu amava. Mesmo assim, eu não queria desistir.

O começo doloroso

Entrei no mercado imobiliário sem experiência nenhuma, movida apenas pela necessidade e pela determinação de fazer algo diferente. Os primeiros meses foram extremamente difíceis. Passei oito meses na Lopes sem conseguir realizar nenhuma venda. A sensação de incapacidade me consumia, e os questionamentos internos se tornaram frequentes e dolorosos. Ser mulher, lésbica, tatuada e baiana tornava tudo ainda mais complicado. Os preconceitos e as rejeições eram constantes e me desgastavam muito emocionalmente.

Desde o início, entendi que não queria fazer mais do mesmo. O mercado imobiliário era engessado, cheio de formalidades e desconectado da realidade dos clientes. Eu queria trazer leveza, verdade e proximidade para as negociações – isso significava romper padrões. E essa coragem de fazer diferente abriu portas que antes pareciam trancadas.

A descoberta do poder do conhecimento

Chegou um momento em que eu sabia que não dava mais para esperar. Eu estava cansada de me sentir travada e, mesmo com medo, tomei uma decisão: ia fazer diferente. Não foi um plano perfeito, mas foi um passo firme. Comecei a estudar *marketing* digital com curiosidade e coragem. Usava cada minuto livre para aprender sobre o tema, assistindo a vídeos, ouvindo *podcasts*, comprando cursos com o pouco que tinha. Enquanto muitos ainda ignoravam essas estratégias, eu via ali uma chance de virar o jogo. Foi assim, no meio da incerteza e da pressão, que descobri a força que existe em quem se compromete com o próprio crescimento. E, aos poucos, os resultados começaram a aparecer.

Meu ponto de virada

Na Vitacon, tive a oportunidade de aplicar tudo o que aprendi. Sempre chegando antes, estudando os produtos a fundo, criando roteiros de apresentação personalizados para cada cliente e usando estratégias que ninguém usava na época, como vídeos de *tour* gravados com o celular, mostrando os bastidores e humanizando o processo. Enquanto outros corretores vendiam unidades, eu vendia experiências. Alcancei o destaque como campeã de vendas no lançamento do VN Oscar Freire, fui premiada como campeã geral do ano entre todos os corretores, um marco que permanece insuperado na empresa até hoje.

Esse reconhecimento veio após muita dedicação, esforço contínuo e superação diária. Foi nesse momento que percebi claramente meu potencial e decidi investir em algo verdadeiramente meu.

Investir em mim mesma

Movida pela paixão e pelo desejo urgente de criar, lancei a Berenice Imóveis. Eu não entendia absolutamente nada de *branding* ou de gestão empresarial, mas amava minha gata, a Berenice, e decidi unir meu amor por ela à vontade de empreender. Não perdi tempo com medos ou dúvidas excessivas. Simplesmente comecei, testei e ajustei. Depois de algum tempo, entendi que era necessário evoluir; então, mudei o nome para Brick, inspirada na canção *Another Brick in the Wall*, do Pink Floyd, conhecida banda britânica de rock progressivo (Another, 1979). A identidade visual mudou, a comunicação se profissionalizou, e os resultados começaram a crescer.

Trocar o nome de Berenice para Brick não foi uma rejeição à minha essência, foi um movimento de amadurecimento. Entendi que precisava de uma marca que representasse solidez, estrutura e construção – não só de imóveis, mas de sonhos. A música *Another Brick in the Wall* me marcou porque percebi que cada escolha minha era um tijolo na construção da minha história.

Com um investimento de R$ 8 mil em tráfego pago – isto é, anúncios on-line – consegui vender trinta imóveis em um ano. Para quem nunca ouviu falar, tráfego pago é quando você paga para que mais pessoas vejam seus imóveis ou serviços na internet. O custo por *lead* (o contato de uma pessoa interessada) foi de aproximadamente R$ 8. Isso significa que, com mil *leads* gerados, consegui converter em média trinta vendas. O faturamento ultrapassou R$ 500 mil naquele período e, somando tudo o que envolvia essas negociações, ultrapassamos os

R$ 12 milhões em VGV (Valor Geral de Vendas). Para quem está iniciando: comece com o que você tem. Teste. Ajuste. Reinvista. Não espere o cenário perfeito.

Tudo ou nada: arrisquei para conquistar

Comecei meu *marketing* do zero, sem conhecimento de praticamente nada. Meus primeiros vídeos eram ruins e minhas fotos eram feias, mas o importante é que comecei, sem deixar o medo ou a insegurança me paralisarem. Naquele momento, poucas pessoas estavam explorando essa estratégia e, mesmo assim, eu já obtinha resultados expressivos. Mais adiante, enquanto todos migravam apenas para o tráfego pago, percebi que algumas pessoas estavam investindo no tráfego orgânico e se destacando, conquistando visibilidade, autoridade e vendas consistentes. Em 2023, decidi reestruturar minha vida e minha empresa para acompanhar essa mudança também. Hoje, acredito que a próxima grande revolução – uma que já começou e está mudando a forma como vivemos e trabalhamos – é a inteligência artificial. E quem não correr agora vai perder um dos maiores trens da história.

Consolidando minha marca

O que antes era apenas gerar *leads* se tornou algo muito maior. Eu entendi que precisava construir uma marca forte, com propósito, valores e consistência. Foi aí que vieram as mentorias. Comecei a ensinar outras pessoas que, assim como eu, queriam sair do plantão de vendas e abrir suas próprias imobiliárias, compartilhando tudo o que aprendi até ali. Isso não só fortaleceu minha metodologia como me mostrou, na prática, o poder do conhecimento compartilhado. Ainda enfrento desafios, como gravar vídeos ou aparecer com frequência nas redes, mas entendi que posicionamento digital não é mais uma opção: é a base. Por isso, passei a investir mais em presença orgânica e cobrei o mesmo da minha equipe.

No começo, muita gente dizia que eu precisava parecer mais “corporativa” para ser levada a sério. Mas decidi fazer o oposto: fui eu mesma, com minha história, minha linguagem, minhas tatuagens e minha vivência real. Isso gerou identificação. As pessoas não se conectam com a perfeição – se conectam com a verdade. E foi com essa autenticidade que construí autoridade, credibilidade e uma base fiel de clientes e seguidores.

Quando passei a compartilhar meu conhecimento com outros corretores e empreendedores, algo mudou em mim. Deixei de ser só executora para me tornar guia. Vi pessoas ganhando autonomia, abrindo seus próprios negócios, realizando vendas que antes pareciam impossíveis. Percebo, então, que existe um caminho maior pela frente, existe um propósito muito grande em mim de crescimento e união entre corretores, e pretendo torná-lo real.

Padronização e excelência

Crescer significava padronizar processos e investir na qualidade constante da minha equipe. Treinamos para elevar o padrão de nossas negociações, alcançando vendas de imóveis acima de R$ 1,5 milhão. Eventos exclusivos substituíram vendas tradicionais, oferecendo experiências únicas e fortalecendo nossa marca. Hoje, sei que nenhum crescimento sustentável acontece sem método. Tudo precisa ser pensado, ensinado, repetido e melhorado.

Liderança feminina e muito treinamento

Hoje, todo corpo de diretoria da minha empresa é feito por mulheres. Isso não foi por acaso, foi uma escolha. Acredito que o futuro do mercado imobiliário precisa ser mais inclusivo, humano e com mais empatia na gestão. Liderar com firmeza e sensibilidade é um diferencial — e, sim, mulheres fazem isso com maestria!

Ousadia, expansão e inovação

Vejo o futuro com ousadia, apostando em expansão, inteligência artificial e inovação contínua. Para quem deseja sucesso duradouro, estar sempre à frente é fundamental. Meu objetivo agora é continuar crescendo, inovando e inspirando mulheres a alcançarem seus próprios sonhos. Se você se identifica com minha trajetória, saiba que é possível transformar sua realidade. A decisão começa agora, e eu estou aqui para mostrar o caminho.

Assim como no passado o digital era visto com desconfiança e se transformou no novo normal, eu enxergo a inteligência artificial como o próximo grande divisor de águas. A IA já está transformando a forma como nos comunicamos, vendemos e atendemos. Quem aprender a dominar essas ferramentas agora vai economizar tempo, tomar decisões mais assertivas e escalar mais rápido. Não se trata de tecnologia – trata-se de visão.

Sua decisão começa agora

Minha história mostra que, apesar dos desafios e preconceitos, é possível transformar dor em força e ação. Mas eu não estou nem 5% perto do que almejo conquistar. Meu foco vai muito além de vendas: quero quebrar barreiras no mercado imobiliário – na forma como tratamos os corretores, atendemos os clientes, rompemos padrões e combatemos preconceitos todos os dias. Quero ampliar a força e a presença da mulher nesse setor. Quero ver mais histórias reais, mais vozes autênticas e mais liberdade no caminho de quem decide empreender.

Hoje, minha missão é construir pontes. Entre mulheres e o mercado. Entre corretores e o sucesso com liberdade. Entre conhecimento e execução. Entre quem sonha e quem realiza. É por isso que continuo – para abrir caminhos onde antes só havia muros, e mostrar que o impossível é apenas o que ainda não foi feito.

Se minha história tocou você, é porque também está pronta(o) para construir a sua. E, talvez – só talvez –, essa decisão comece agora.

BIBLIOGRAFIA

ANOTHER Brick in the Wall. Intérprete: Pink Floyd. Compositor: Roger Waters. *In*: The Wall. Columbia Records, 1979.

“Não espere que deem espaço a você: construa seu próprio palco e conte sua história do seu jeito.”

Arianne Correia de Oliveira

Camila Madureira

Sou Camila Madureira, natural de Belo Horizonte, Minas Gerais, onde resido com minha família: meu marido e sócio, Mateus Freitas, e nossos filhos, Isabella e Bernardo.

Minha jornada profissional começou cedo, aos 17 anos, impulsionada por um momento desafiador — o falecimento da minha mãe. Foi nesse contexto que descobri minha força interior e dei os primeiros passos profissionais.

Fundadora da Mafre Imóveis, imobiliária boutique especializada em imóveis de luxo e na excelência da experiência do cliente, lidero com paixão nossa equipe. Sou corretora de imóveis por amor e mentora de profissionais que desejam evoluir, romper barreiras e transformar suas vidas, assim como eu transformei a minha.

Hoje, a Mafre é referência em marketing imobiliário e atendimento de alto padrão. Com mais de 15 anos de experiência, construí uma trajetória marcada por determinação, coragem, disciplina e, principalmente, resiliência diante dos muitos altos e baixos da vida — com histórias reais de superação e renascimento.

camila.mafreimoveis

+55 (31) 99424-1897

3 ATENDIMENTO DE EXCELÊNCIA NO MERCADO DE LUXO

Por Camila Madureira

Atendimento de excelência: a jornada começa no primeiro contato

Não existe atendimento de excelência sem que o cliente viva uma experiência positiva e completa em todas as etapas de sua jornada de compra. Esse processo começa desde o primeiro contato – seja por meio de um anúncio, uma foto, um vídeo, ou até uma indicação feita pessoalmente. É nesse momento inicial que o posicionamento de imagem entra em cena, estabelecendo a conexão entre você e o perfil ideal de cliente, influenciando diretamente na percepção que ele terá de seu trabalho e de sua marca.

Caminhos reais: o que funcionou para mim

O que compartilho aqui são as experiências reais que vivi e os caminhos que, de fato, funcionaram na minha trajetória. Eu vim de um mercado completamente diferente do que atuo hoje. Entrei nesse universo em um momento de virada, quando precisei me reinventar e fazer diferente. A partir desse ponto, tomei uma decisão clara: viver e oferecer ao cliente uma experiência memorável de compra e venda.

Com o tempo, pude mensurar a evolução em diversas etapas, resultado de muitos testes e da vivência diária. O primeiro grande passo foi olhar para dentro, entender meu eu interior, refletir sobre onde precisava evoluir internamente – como pessoa e como profissional. Identificar as dores que me limitavam foi essencial para romper as barreiras que me afastavam do sucesso.

A humildade foi o ponto de partida. Humildade para reconhecer minha trajetória e também a do cliente. Em muitos momentos, deixamos que crenças limitantes ditem nosso valor, simplesmente porque não nos sentimos pertencentes àquela classe. No entanto, o cliente compra de quem ele admira e em quem confia. E você tem a chance de atraí-lo da melhor forma possível.

Hoje, depois de muitos anos aprimorando meu trabalho, posso dizer que meu principal meio de atração vem da minha imagem profissional e da empresa que criei com base no desejo profundo de fazer diferente. O cliente precisa sentir que você é exatamente aquilo que ele merece: um profissional capacitado, alinhado com seus valores e pronto para resolver qualquer problema – alguém com quem ele possa se identificar.

Vender sem vender: a arte do luxo

Para vender uma ideia, um produto – e, especialmente, quando falamos de produtos de luxo –, é imprescindível acreditar genuinamente no que está sendo oferecido. É necessário se integrar a esse universo, sentir-se parte dele. Assim, suas atitudes passarão a refletir esse pertencimento de forma natural, permitindo que você venda sem precisar vender.

O luxo é silencioso, sutil. É nas entrelinhas, nos detalhes, que se constrói a confiança, a credibilidade e a preferência do cliente.

Etapas fundamentais para um atendimento de excelência

Propósito

O propósito é o que faz você levantar da cama todos os dias. Ele é o que o move. A venda, nesse contexto, é apenas o meio. O verdadeiro fim é tudo aquilo que você aprende, transforma e entrega ao longo da jornada, com presença e intenção. Dinheiro é apenas uma consequência.

Minha virada de chave foi quando entendi isso. Meu sucesso veio de meu propósito genuíno de ajudar pessoas, de fazer parte da vida delas – independentemente do momento que estivessem vivendo. No mercado de luxo, esse comportamento é perceptível. Suas atitudes é que determinarão se o cliente vai lhe dar ou não credibilidade. Por isso, esteja sempre disposto a entregar seu melhor — não importa a que preço – pois é assim que se constrói valor de verdade.

Perfil de cliente

Estude profundamente seu cliente. Compreenda o que ele faz, os lugares que frequenta, o que valoriza, quais são seus desejos, dores, motivações. E diante de tudo isso reflita: Qual **é** seu papel nessa história?

Você pode ter muito conhecimento, mas, se o cliente não se identificar com você, dificilmente haverá conexão. Ninguém se abre para um estranho. Esforce-se para criar pontos de encontro reais, gerar confiança e construir um relacionamento de valor.

Posicionamento

Seu posicionamento é a tradução prática de tudo o que você representa. No mercado de luxo, isso é ainda mais evidente. Trata-se de um ambiente em que tudo está interligado: os lugares que você frequenta, sua linguagem, suas atitudes.

Antes de qualquer coisa, lembre-se: existe apenas uma profissão no mundo – a de vendedor. Em qualquer situação, você está vendendo algo: sua imagem, sua confiança, seus valores. Um médico vende segurança. Um corretor de imóveis vende primeiro a sua imagem, depois o imóvel.

E aqui destaco um ponto crucial: venda sem parecer que está vendendo. Estar no mercado de luxo sem uma imagem coerente com aquilo que você representa não faz sentido. Se você ainda não entende isso, busque orientação profissional. Alinhe sua imagem, suas roupas, sua postura à realidade de seu cliente ideal. Sua voz, dinamismo, oratória, linguagem corporal – tudo comunica.

Marketing

Pare e pense: O que você faz que ninguém mais faz? Quais são seus diferenciais únicos? Eles precisam estar claramente expressos. Sua marca deve ser visível e se comunicar de forma coerente com o público que você deseja alcançar – em todos os canais e momentos.

Conhecimento

Conhecimento é o que sustenta sua autoridade. Ele está diretamente ligado à inteligência emocional e à capacidade de lidar com pessoas. Entenda: em uma negociação, nada é pessoal. Sempre existe algo por trás do comportamento do outro. Seja empático. Seja especialista em lidar com crises. E, acima de tudo, nunca leve nada para o lado pessoal.

Conheça profundamente seu produto, o mercado, as últimas unidades vendidas, os concorrentes. Argumente com base em dados reais. O conhecimento é a chave para quebrar objeções e gerar segurança no cliente.

Lifestyle

O cliente de luxo observa tudo. Sua vida pessoal, os ambientes que você frequenta, as experiências que compartilha. Seu *lifestyle* comunica a energia que você deseja atrair.

Lembre-se: quem não é visto, não é lembrado. Isso está diretamente ligado à construção de conexão. Use as redes sociais com estratégia. Participe de ambientes coerentes com seu mercado. Viva o que você vende.

Experiência do cliente

A primeira grande experiência começa com você mesmo. Se você se permite viver o melhor – investir em sua imagem, frequentar bons lugares, viajar, conhecer novas culturas –, estará naturalmente mais preparado para entregar experiências transformadoras a seus clientes.

Experiências não são despesas. São investimentos em percepção, memória e posicionamento. Elas mudam a forma como o mercado e o cliente enxergam você.

Há anos, investimos na experiência do cliente e colhemos resultados reais. Começamos com um detalhe simples: fotos humanizadas dos imóveis – com pessoas, com vida, com alma. Isso despertou o imaginário do cliente, que passou a se enxergar dentro da casa, não apenas como um comprador, mas como protagonista.

Depois, aproximamos ainda mais: reformulamos nosso ambiente físico, tiramos a recepção e criamos uma sala de estar, integramos um espaço *gourmet* com adega, academia, *rooftop* com piscina e trouxemos nossa essência – aquilo que realmente somos no dia a dia.

Além disso, estruturamos processos com surpresas em todas as fases: desde o primeiro contato, passando pelo diagnóstico, assinatura, mudança, obras, despachante... até o momento final da entrega do imóvel.

Pós-venda

Seja interessante, e não interesseiro. O pós-venda tem um peso ainda maior do que a venda em si. A memória afetiva que você gera será determinante para o cliente indicá-lo, lembrar de você e procurá-lo novamente.

O mercado ainda carrega a fama do corretor que desaparece após receber a comissão. Mas, quando um processo bem estruturado é mantido no pós-venda, os resultados se multiplicam. Use sua essência, sua criatividade, e encontre formas reais de fazer com que o cliente se sinta valorizado mesmo após a compra.

"Ninguém é capaz de transmitir com verdade aquilo que não viveu. A experiência só se torna memorável para o outro quando é real para você."

Camila Madureira

Daniel Dantas

Meu nome é Daniel Dantas, tenho 39 anos, sou casado, nascido em Natal/RN e hoje moro em Santa Catarina, estado que escolhi como meu novo lar. Não foi difícil decidir viver nesta região maravilhosa. Entretanto, até chegar aqui, muitas águas rolaram.

Sou corretor de imóveis e atuo nesse segmento desde 2010. Minha trajetória certamente vai chamar bastante sua atenção.

Neste período, realizei negócios com pessoas de diversas nacionalidades. Além dos brasileiros, tratei com portugueses, angolanos, libaneses, italianos, chineses, sul-africanos e estadunidenses. Essas negociações e toda experiência vivida foram fundamentais para me transformar no profissional e, mais do que isso, na pessoa que sou hoje. Neste capítulo, você vai entender como tudo aconteceu.

danieldantasbroker

4 MERCADO INTERNACIONAL: FORTES CONEXÕES, GRANDES NEGÓCIOS

Por Daniel Dantas

Minha trajetória

Iniciei minha relação com o mercado imobiliário em 2006. Atuei por três anos no setor de *marketing* de uma grande construtora em Natal/RN, chamada Grupo Capuche. Neste período, eu estava envolvido diretamente com as ações de lançamento e entrega de empreendimentos e, principalmente, nas campanhas de incentivos dos corretores. Foi quando tive meu primeiro contato com essa profissão.

Em 2010, recebi um convite inusitado: atuar no mercado imobiliário fora do país. Naquele ano, qual seria o destino mais desejado e comentado? Orlando ou Miami, nos Estados Unidos? Ou, talvez, Dubai, que estava começando a ficar conceituada, certo? Porém, a realidade foi outra, e o destino foi o continente africano, para ser mais preciso, Angola (e como sou feliz por ter sido esse país!).

Ao receber esse convite, vivi uma mistura sentimentos: dúvidas, receios, empolgação... Porém, o desejo de aceitar o desafio foi maior, mesmo sem saber muito bem o que iria acontecer.

Ao desembarcar em Angola, em 12 de fevereiro de 2010, comecei minha trajetória como corretor. A proposta inicial era ficar apenas um ano, porém, foram dez anos de muitas experiências na minha querida e amada Angola! Naquela década, em terras africanas, fui de corretor a dono de imobiliária, passando por diretor de novos negócios e diretor comercial de uma grande empresa local, onde administrei a área de vendas e pós-vendas de um dos melhores condomínios residenciais do país, o Condomínio Adelaide. Em todas essas etapas, vivi momentos marcantes.

Em meu primeiro ano como corretor, constituí quase US$ 12 milhões em VGV (Valor Geral de Vendas), ficando em 2º lugar de vendas entre mais de quarenta corretores. Ganhei, além das comissões, uma belíssima viagem com acompanhante para Punta Cana em um *resort all inclusive*.

Naquele primeiro ano, após o resultado obtido em 2010, procurei entender o motivo do sucesso com minhas vendas. Cheguei à conclusão de que as relações criadas e mantidas com meus clientes eram a chave para novos futuros negócios. E compreendi a importância de saber criar e manter bons relacionamentos e quanto poderia colher bons frutos disso.

Em meados de 2011, após um ano e meio como corretor, fui convidado por uma empresa local para assumir o cargo de diretor de novos negócios no mercado imobiliário. Devido às conexões geradas no país, enxergaram meu potencial para desenvolver essa frente na empresa. Nessa fase eu, comecei a buscar negócios além das vendas de imóveis no varejo. Foi um período em que precisei me conectar com pessoas de outras nacionalidades, pois o mercado estava propício para investimentos vindos do exterior. Negócios com libaneses e sul-africanos foram os mais representativos para mim naqueles quase dois anos, com vendas de grandes áreas para desenvolvimento de novos projetos imobiliários.

Após esse período, mais uma vez, o relacionamento me abriu portas, e fui convidado a ser diretor comercial de outra grande empresa nacional, a Gestim.

Tudo começou com um cliente, o sr. Filipe Madaleno. Ele se tornou um grande amigo, convidou-me para trabalhar com ele e, o principal: foi meu padrinho de casamento. Em 2015, ao me casar no Brasil, ele saiu de Angola e dividiu comigo esse momento tão importante na minha vida! Na Gestim, tive a responsabilidade comercial de ficar à frente das vendas e pós-vendas de um dos condomínios mais luxuosos do país, o Condomínio Adelaide, com um VGV próximo de US$ 100 milhões. Foram quase três anos maravilhosos e uma parceria de muita transparência e honestidade, o que estreitou nossa relação profissional e pessoal. Isso acabou abrindo portas para negócios no Brasil e em outros lugares do mundo.

Depois da belíssima experiência com a Gestim, decidi empreender em Angola. Foi quando abri a Terra Imobiliária, tendo como sócio um grande amigo: Barsanulfo Neto. De 2016 a 2019, tivemos resultados significativos no mercado imobiliário de alto padrão e luxo do país, porém, de uma forma mais abrangente. Nesse período, decidimos atuar com vendas, locações e gestão de ativos. Criamos relacionamentos com grandes personalidades do país, e isso nos abriu portas para grandes operações no mercado imobiliário local.

Com esse breve resumo, talvez pareça que tudo em Angola foi fácil, tranquilo, com muitas vendas, realizações pessoais, profissionais, financeiras, negócios concluídos, grandes conexões, amigos e até um lindo e abençoado casamento. Porém, tive momentos de incertezas, de acordar e me questionar: "O que estou fazendo aqui?", de inseguranças, medo do futuro... Mas garanto que faria tudo de novo! Angola e as pessoas que conheci naqueles dez anos no país são de uma importância imensa na minha vida. Não só em termos profissionais, de negócios: essas pessoas marcaram minha vida pessoal. Afinal de contas, foi lá que conheci minha esposa, Susana Schumacker, uma brasileira que também topou o desafio de viver em terras africanas. Tenho padrinhos de casamento angolanos e também amigos das mais diversas nacionalidades com quem sei que posso contar para o resto da vida.

De volta ao Brasil

Em dezembro de 2019, eu e minha esposa tomamos a decisão de voltar ao Brasil. A princípio, os planos eram passar alguns meses no país e, em seguida, ir para os Estados Unidos. Montamos todo um planejamento, como tratar dos vistos, planilha financeira, opções de cidades e bairros para morar, emprego para minha esposa, e eu já com a ideia de atuar no mercado imobiliário estadunidense. Porém, no início de 2020, o mundo parou com a pandemia e a incerteza tomou conta de tudo e de todos. Naquele momento, fiquei alguns meses pensando qual seria meu futuro, se reiniciaria minha carreira no Brasil em outro segmento, ou se continuaria no mercado imobiliário. Foi então que, ao começar a viver na região litorânea de Santa Catarina, enxerguei todo potencial já existente, com as grandes obras, os lançamentos, os valores dos imóveis, tudo extremamente atrativo. Confesso: aquilo tudo mexeu muito comigo. O desafio de encarar um mercado desconhecido e, o mais difícil, praticamente sem relacionamento algum.

Foi um início com muitas dificuldades, pois, como já mencionei, o sucesso em vendas é o relacionamento. Eu, nascido em Natal, dez anos morando em Angola, chego a uma cidade onde não conhecia quase ninguém, teria que começar uma nova jornada profissional vendendo imóveis com maior potencial de valorização do mercado. Para quem eu iria vender? Quais pessoas eu iria contactar para poder ofertar esse mercado tão atrativo? Sinceramente, eu não tinha cliente para isso. Foi então onde tive a ideia de explorar todo relacionamento com os clientes que eu já tinha em Angola e, a partir daí, apresentar as possibilidades de investimentos no litoral de Santa Catarina

O estrangeiro, seja ele de qualquer lugar do mundo, conhece o Brasil, na sua grande maioria, como São Paulo e Rio de Janeiro. Entretanto, Balneário Camboriú, em Santa Catarina, era um local até então novo para pessoas de fora do país. Pensando nisso, antes de vender o imóvel, precisei "vender a região" e tudo de bom que ela oferece: qualidade de vida, segurança, economia, valorização do mercado imobiliário foram fatores determinantes para que portugueses, angolanos, libaneses e brasileiros tivessem o desejo de "comprar" o litoral catarinense.

Após essa primeira abordagem, falando das vantagens do mercado local, precisei garantir ao meu cliente que comprar/investir comigo era um excelente negócio, a ponto de falar que eu iria até o país deles apresentar os imóveis com que estava trabalhando. E assim o fiz. De 2021 até os dias de hoje, fiz algumas viagens para Angola e Portugal e inúmeras vezes fui encontrar compradores em São Paulo, Rio de Janeiro e Espírito Santo. Não era possível apenas fazer a venda a distância sem ter que também investir. Arriscar o investimento em uma viagem para Portugal ou Angola, por exemplo, sem ter a certeza de que voltaria de lá com negócios bem encaminhados fez parte da minha trajetória – passagem, hospedagem, alimentação e todos os custos que envolvem uma viagem dessas para fora do país. Porém, sempre ia acreditando que iria vender, que iria valer a pena e deu muito certo! Hoje, são dezenas de milhões em VGV realizado para clientes internacionais aqui no Brasil.

Nesses quatro anos de atuação no mercado imobiliário brasileiro, não posso deixar de citar outros grandes marcos. As relações, não apenas com clientes, mas também com parceiros de profissão, foram de extrema relevância. Nesse período, investi em cursos, mentorias e, principalmente, em novas conexões. Isso também gerou grandes resultados com vendas e relacionamentos que me permitem ofertar e transmitir segurança para meu cliente em vários locais do mundo.

O que vejo de importante nisso tudo é como uma boa relação pode gerar grandes resultados. Não imaginava que ficaria no Brasil e atuaria no mercado local. Na minha cabeça, os planos de morar e trabalhar nos EUA eram muito mais atrativos, pois esse é um destino em que os estrageiros investem bastante.

Entretanto, os dez anos de excelente relacionamento com meus clientes em Angola geraram resultados maravilhosos no Brasil. Muitas vezes, foram feitas vendas que aconteceram (e continuam acontecendo) sem o cliente nunca ter pisado em Santa Catarina ou mesmo no Brasil. Isso é fruto de um trabalho de muita honestidade, transparência e, principalmente, extrema confiança. Esse é o relacionamento que eu busco ter com todos os meus clientes.

“Saber manter relações genuínas é o que transforma conexões em constantes oportunidades.”

Daniel Dantas

Denise Bianco

Sou Denise Bianco, corretora, administradora de empresas, especialista no mercado de imóveis de luxo e gerente de vendas de uma imobiliária em Curitiba/PR.

Sou gestora de uma equipe de vendas composta por corretores altamente selecionados, das mais diversas formações universitárias e profundos conhecedores do mercado de alto padrão de um modo geral.

Atuo no mercado imobiliário há quinze anos, período em que construí uma equipe de alta *performance*, com resultados extraordinários, metas anuais batidas consecutivamente e que recebeu diversas premiações.

Mantendo ao longo de todos esses anos dedicação incansável e disciplina positiva, hoje tenho meu nome reconhecido e destacado no mercado imobiliário da capital paranaense.

equipedenisebiancoJ8

denisefurtadobianco_j8

www.denisebianco.com.br

+55 (41) 98826-4288

Denise Bianco

denisebianco@j8.com.br

5 ESPECIALISTA NO MERCADO DE IMÓVEIS DE LUXO

Por Denise Bianco

Como tudo começou

Entrei no mercado de imóveis há quinze anos. Após apenas dois anos atuando como corretora em uma imobiliária de Curitiba/PR, fui desafiada pelo proprietário a montar uma equipe de vendas formada por pessoas de alto padrão, que tivessem *networking*, gostassem de imóveis e frequentassem os mesmos lugares que os clientes.

Naquele momento, pensei que deveria convidar pessoas do meu relacionamento, com interesses em comum e hábitos de vida similares. Consegui montar uma equipe homogênea, todos com o mesmo propósito de vida e com muita vontade de realizar seus sonhos. Isso gerou muita conexão e sinergia na equipe, o que foi fundamental para nosso sucesso.

Iniciamos angariando clientes e imóveis de amigos e parentes, com base apenas nos conhecimentos que já tínhamos. Com as visíveis e rápidas conquistas que obtivemos, percebi que minha aposta em trazer pessoas com estilo e hábitos similares tinha sido certeira. Em pouco tempo, já estávamos nos destacando na empresa e servindo de referência para muitas diretrizes e metas. Cresci com a empresa, uma imobiliária posicionada no mercado de alto padrão de Curitiba, com atuação à frente do seu tempo e gerida por uma pessoa visionária e genial: Joselio Costa, sócio-proprietário.

O desafio de alcançar sempre a excelência

Com o tempo, outras equipes de vendas foram sendo criadas, o que me tirou da zona de conforto, fazendo-me repensar na minha atuação a fim de entregar mais e manter a liderança e excelência de minha equipe. Passei a promover ações com o intuito de fortalecer ainda mais conexão dessa equipe, como receber frequentemente os integrantes em minha casa, manter um perfil no Instagram – equipeDeniseBiancoJ8 –, cujo objetivo é priorizar nossos imóveis angariados (um portfólio com 500 imóveis) e tornar cada corretor mais conhecido nas mídias sociais.

Para o lançamento da conta do Instagram, realizamos um evento, com fotos profissionais, publicação em revista renomada e parceria com empresas reconhecidas e já posicionadas no mercado de luxo. Ao apresentar, um a um, cada corretor da equipe, nos tornamos conhecidos e geramos confiança. Desde então, mantemos publicações diárias na rede sobre nossos imóveis, com vídeos de campanhas, publicações de eventos, informações sobre congressos e palestras de que participamos e até mesmo registros de nossos divertidos campeonatos de *beach tennis*. Além disso, ainda participamos, como equipe de campanhas e projetos sociais.

O segredo: manter-se constantemente atualizado

Cada vez mais *experts* no mercado de alto padrão de imóveis, mantivemos uma constante busca sobre as tendências que movimentam o mercado imobiliário de luxo, para conhecer e entender profundamente o perfil do exigente cliente apreciador e consumidor desse produto. Estar atento às novidades e estudar o mercado é fundamental para conseguir atender com excelência esse público.

Ter um imóvel de luxo ultrapassa o valor material

O mercado de luxo tem passado por uma transformação significativa nos últimos anos. Hoje, sabe-se que o conceito de moradia de luxo está mais voltado ao vivenciar experiências únicas e personalizadas dentro de cada residência do que propriamente aos acabamentos de luxo: as sensações e emoções que o imóvel desperta no morador se sobrepõem aos materiais utilizados em sua construção. O luxo moderno vai além do imóvel: ele ultrapassa o valor de bens materiais. O novo luxo não aparece: ele é sentido; valoriza experiências sensoriais e traz identidade a quem mora no imóvel.

Valorização da sustentabilidade e da responsabilidade social

A sustentabilidade é considerada um fator que agrega valor ao imóvel. O público de alto padrão tende a ter, como necessidade de consumidor, produtos que prezam por diminuir o impacto ambiental, que promovam a biodiversidade e que tenham sido construídos com responsabilidade social e respeitando a natureza do lugar onde se situam. As propriedades com certificações verdes têm maior velocidade de venda em comparação com as tradicionais. A integração de práticas sustentáveis com os imóveis tornou-se um conceito base de sofisticação.

A filosofia do bem-estar integral

Outro fator muito apreciado e valorizado é o *wellness* invisível, isso é, a capacidade que um imóvel tem de oferecer bem-estar integral ao morador. Atualmente, esse bem-estar deixou de ser uma tendência para representar a necessidade do morador de reconectar o corpo e a mente durante as horas que passa em casa. O imóvel é o porto seguro do morador: deve acolher e promover hospitalidade por meio de espaços que criam uma atmosfera de conforto, com uma estética de acolhimento, projetados para produzir memórias felizes, apresentando ambientes que possam ser sentidos e não apenas exibidos.

Personalização de ambientes

A personalização de ambientes levando em consideração o estilo de vida do morador também é muito desejada pelo público de alto padrão. A possibilidade de projetar um apartamento exclusivo, único, valorizando ambientes que façam sentido à sua vida como o espaço da cozinha para quem ama cozinhar, um espaço mobiliado de adega climatizada, uma horta para cultivar ervas frescas, ou até mesmo uma customização integrada a coleções pessoais são fatores de peso na escolha de um imóvel e fazem o cliente e futuro morador se sentir especial.

Grandes nomes da arquitetura – marcas de sucesso

Empreendimentos residenciais assinados e atrelados a marcas famosas e renomadas também têm um forte apelo no mercado. A combinação do *design* com uma personalidade marcante cria uma arquitetura única e traz maior valor ao metro quadrado do imóvel. O fato de a marca já ser consolidada, reconhecida pela sua excelência e seu valor no mercado nacional e internacional, aproxima muitos apreciadores e consumidores, que se sentirão familiarizados e mais próximos do produto que tanto apreciam. Além disso, há a certeza da manutenção do padrão de qualidade que a marca traz. Isso faz com que o empreendimento se torne exclusivo e desejado. Grandes nomes da arquitetura têm sido cada vez mais procurados para assinar projetos, o que tem elevado o nível de sofisticação no mercado imobiliário.

Fator decisivo: localização

A localização continua a ser um dos fatores mais decisivos na escolha do imóvel. Além de segurança e privacidade, a exclusividade do local é com certeza o maior atrativo. Imóveis que valorizam uma vista agradável como nascer ou pôr do sol, lago, parque, verde de um bosque são muito desejados. O bairro em que o imóvel está localizado tem de proporcionar bem-estar, beleza, ser sustentável e valorizado, e ainda ter fácil acesso.

Inovações na infraestrutura dos imóveis de luxo

A infraestrutura dos imóveis de luxo está cada vez mais sendo levada em consideração. As novas construções têm trazido cada vez mais inovação para atender à demanda do exigente consumidor desse mercado. As tecnologias inteligentes aumentam o conforto e a sustentabilidade, criando espaços mais eficientes e alinhados com a natureza. Alguns exemplos são: placas solares, reaproveitamento de água da chuva, água de reúso para as floreiras automatizadas, esquadrias com *design* para controle de luminosidade, vidros que tornam mais agradável a temperatura interna, automação completa do apartamento, controle do CO_2 nos quartos para qualidade do sono, aquecimento de piso com sistema hidrônio no qual a água circula pelas paredes externas do prédio gerando calor, entre outras soluções ecológicas.

Espaços e serviços exclusivos para a qualidade de vida

Da mesma maneira, as áreas de lazer são projetadas para proporcionar momentos de bem-estar. Os espaços exclusivos dentro dos condomínios são pensados para melhorar a qualidade de vida do morador, proporcionar experiências relaxantes, cuidar da saúde e possibilitar a integração social. Com *rooftops* panorâmicos, *spas*, restaurantes exclusivos assinados por *chefs* renomados, salas para prática de exercícios, yoga ou relaxamento, salão de beleza, charutaria, *pool* de clubes privativos, infraestrutura para carros elétricos, *concierge*, a proposta de um novo conceito de moradia está cada vez mais reforçada, trazendo um novo padrão de sofisticação e comodidade para os moradores.

O grande desejo: exclusividade

A ideia conceitual por trás do luxo é a exclusividade. Há uma limitação na quantidade de residências entregues pelos incorporadores em cada empreendimento; às vezes, trata-se de imóveis únicos: um apartamento *garden*, uma cobertura, um apartamento diferenciado com pé direito duplo. Essa escassez na oferta do produto especial em um empreendimento torna o imóvel mais exclusivo e mais desejado pelo exigente público de alto padrão.

O novo perfil dos consumidores de imóveis de luxo

O perfil dos compradores de imóveis de luxo também evoluiu: está mais diversificado e exigente. Além do público tradicional, como empresários, médicos, advogados e famílias consolidadas, há um crescente número de jovens empreendedores e profissionais do setor de tecnologia, compradores com um estilo de vida mais moderno, minimalista, dinâmico e conectado. Prioritariamente, eles buscam propriedades que refletem seu estilo de vida prático, funcionando como uma extensão de sua vida. Buscam também o pertencimento à sociedade, muitas vezes, não medindo esforços para isso.

As novas tendências no mercado de imóveis de luxo

Com todos esses novos conceitos e tendências, o imóvel de luxo não é mais definido apenas por atributos tangíveis, como preço ou qualidade de materiais; está cada vez mais intangível e ligado a sentimentos. A percepção do luxo hoje é subjetiva, está em constante evolução, influenciada pelas mudanças globais, pelas percepções dos consumidores e pela responsabilidade social.

Os desafios do corretor de imóveis de luxo

Diante de tudo isso, manter-se nesse mercado de alto padrão é um desafio. Além de acompanhar avidamente todas as novidades do mercado imobiliário, é preciso muito mais: faz-se necessário estar conectado com todos os temas globais que guiarão a sociedade nos próximos anos, perceber os novos comportamentos relacionados a bem-estar e longevidade, entender quem serão os novos compradores de imóveis de luxo, ser conhecedor do momento econômico do país para dar suporte estratégico e orientar o cliente sobre o melhor investimento patrimonial. É preciso ser um símbolo de confiança, ser uma referência no mercado, trabalhar com disciplina e ser reconhecido pelas entregas feitas com excelência aos clientes.

“Tenha propósito, foco e disciplina em busca do *mindset* do mercado dos imóveis de luxo.”

Denise Bianco

Douglas Melo

Sou Douglas Melo, especialista no mercado de imóveis de alto padrão em Aracaju, Sergipe, com 14 anos de experiência e uma trajetória marcada pela superação. Comecei minha jornada aos 19 anos com uma visão: transformar realidades por meio do mercado imobiliário.

Transitei por diferentes segmentos do mercado, do econômico ao médio padrão, até chegar ao alto luxo. Foi uma construção sólida de conhecimento e experiência, que tenho vivido com intensidade e paixão. Minha atuação tem sido pautada em mentorias com grandes nomes do mercado imobiliário de São Paulo e vivência em mercado mais seletivo.

Hoje, sou referência nacional e prova viva de que o verdadeiro valor está em gerar experiências, construir confiança e inspirar pelo exemplo. Criar valor é minha missão.

especialistadouglasmelo

6 CRIANDO VALOR PARA O MERCADO IMOBILIÁRIO DE ALTO LUXO

Por Douglas Melo

Entrar no mercado de luxo exige mais do que técnica. Exige postura, sensibilidade, presença e um senso apurado de valor – valor não apenas no que se vende, mas principalmente no que se entrega ao cliente.

Criar valor é enxergar além dos metros quadrados, além da ficha técnica. É perceber o estilo de vida que o cliente deseja construir, o momento que ele está vivendo e como aquele imóvel pode ser a ponte entre o agora e o que ele sonha viver. Um corretor que cria valor não vende casas: ele entrega pertencimento, *status*, conforto e, acima de tudo, confiança.

Criação de valor também passa pelo atendimento. No mercado de luxo, tempo é ativo precioso. Discrição, personalização e agilidade são diferenciais que pesam muito mais do que um bom preço. Cada visita agendada, cada *follow-up* feito com inteligência e sensibilidade, cada detalhe percebido – tudo isso comunica valor.

Aprendi que no mercado de alto padrão, muitas vezes, o cliente não sabe exatamente o que quer. Mas ele sabe o que não quer: um corretor comum. Ele quer se sentir visto, compreendido e respeitado. E, para isso, o corretor precisa estar um degrau acima. Precisa se preparar mais, comunicar-se melhor, vestir-se de forma coerente com o público que ele atende e, principalmente, precisa entender que o imóvel é só o palco: a experiência é o espetáculo.

O que diferencia um corretor de alto padrão é a capacidade de fazer com que o cliente sinta que fez o melhor negócio da vida dele. Já vivi negociações em que a venda só foi concluída porque entendi que, mais do que falar, eu precisava escutar, porque, mais do que vender, eu precisava orientar. Em uma das vendas mais importantes da minha carreira, fechei com um cliente que estava indeciso entre dois imóveis de valores semelhantes. Eu poderia ter forçado a barra, empurrado uma opção. Mas mostrei os prós e contras com transparência, entreguei segurança na decisão e ganhei mais do que a venda: ganhei um cliente vitalício e um promotor da minha marca.

O corretor de luxo que deseja criar valor precisa compreender uma coisa: nesse mercado, você não é apenas um vendedor. Você é um estrategista, um conselheiro, um especialista confiável. Precisa dominar o produto, o mercado, o público e, principalmente, dominar a si mesmo.

Autoconhecimento, inteligência emocional, visão de longo prazo, ética, paciência e presença de espírito são fundamentos que não se aprendem em cursos. Aprendem-se na prática, nos erros, nos acertos – e, principalmente, quando você decide que vai ser diferente da maioria.

Se você está lendo este livro e deseja crescer nesse mercado, aqui vai um conselho de quem vive isso na prática: valor é aquilo que você gera antes de falar de preço. Valor é o que permanece quando o cliente esquece o que você disse, mas nunca esquece como você o fez se sentir.

O mercado de imóveis de alto padrão é singular. Ele exige muito mais do que uma simples transação. Nele, a venda de uma propriedade envolve um conjunto de emoções, desejos e expectativas que, se bem compreendidos, geram um resultado além da simples venda. No mercado de luxo, criar valor é proporcionar uma experiência completa. Cada interação, cada detalhe, cada momento de contato com o cliente é uma oportunidade para construir uma relação sólida e de confiança.

Valor no atendimento: o elemento essencial

Criar valor começa, antes de qualquer coisa, com o atendimento. No segmento de alto luxo, o tempo do cliente é precioso. Ele não está interessado apenas no imóvel, mas em como ele será atendido. O cliente de alto padrão busca mais do que eficiência. Ele quer um atendimento que seja personalizado, que entenda suas necessidades antes mesmo de verbalizá-las. Nesse mercado, a paciência e a atenção aos detalhes são cruciais.

Lembre-se, o cliente de luxo não quer ser tratado como um número. Ele quer ser ouvido, respeitado e compreendido. O verdadeiro valor é entregue quando você não apenas apresenta o imóvel, mas quando entrega uma experiência única. Cada *e-mail*, cada telefonema, cada reunião deve ser uma oportunidade de criar valor, de fazer com que o cliente se sinta especial, único, e que você tem as soluções certas para ele.

Construindo conexões emocionais com o cliente

No mercado de luxo, você não está apenas vendendo uma propriedade. Você está oferecendo uma nova forma de vida, um novo capítulo para a história do seu cliente. E é por isso que é fundamental construir uma conexão emocional. Quando você entende os desejos, os sonhos, e até os medos de seu cliente, você consegue apresentar as opções certas, com uma personalização que mostra que ele não está apenas comprando um imóvel, mas uma transformação em sua vida.

Pense em um exemplo simples: um cliente que busca um imóvel de luxo em uma área exclusiva da cidade. Não se trata apenas de metros quadrados ou de preço. O cliente pode estar buscando um lugar onde possa criar memórias com sua família, onde tenha o privilégio de viver com privacidade e ao mesmo tempo estar perto das conveniências que a cidade tem a oferecer. Como corretor, sua missão é não apenas mostrar imóveis, mas ajudar o cliente a visualizar como esse espaço pode se tornar seu lar, seu refúgio e a representação de seu sucesso.

A arte da comunicação no mercado de alto padrão

A forma como você se comunica com os clientes no mercado de alto luxo deve ser impecável. Um simples erro de comunicação pode comprometer toda a negociação. O profissional de luxo deve se expressar com clareza, confiança e com um vocabulário refinado que transmita não apenas conhecimento técnico, mas também confiança e segurança.

Isso se aplica tanto ao conteúdo verbal quanto ao não verbal. Cada gesto, cada postura deve ser congruente com a imagem de profissionalismo que você quer transmitir. Um corretor de luxo deve ser uma figura confiável, segura e que passa uma sensação de exclusividade. E não se trata apenas do modo como você fala, mas de como se apresenta, como se veste, como se comporta, como escuta, e como faz o cliente se sentir.

O impacto do pós-venda

Criar valor também envolve o pós-venda. Muitas vezes, o processo de compra de um imóvel de alto padrão é longo, complexo e cheio de emoções. Ao finalizar uma venda, é fundamental continuar cultivando a relação com o cliente. O pós-venda é um campo muitas vezes negligenciado, mas é nele que você pode garantir que o cliente se sinta valorizado e, também, que volte a trabalhar com você em uma próxima oportunidade. O cliente de alto padrão não compra apenas uma vez: ele volta para comprar mais, se for bem atendido e se sentir que sua experiência foi inesquecível.

Após a venda, mantenha-se disponível para auxiliar o cliente no que ele precisar. Isso pode significar ajudá-lo com o processo de mudança, indicar serviços de alta qualidade, ou simplesmente verificar se ele está satisfeito com sua nova casa. O simples ato de manter contato depois da venda gera uma experiência positiva que leva à fidelização e recomendações.

Liderança no mercado de luxo: ser referência no segmento

O profissional que deseja se destacar no mercado de luxo precisa se posicionar como referência. Isso vai além da venda. Significa compartilhar seu conhecimento, ser ativo em sua comunidade, ter presença nas redes sociais e ser fonte de valor constante para os clientes. Quando você é reconhecido como líder em seu segmento, as oportunidades surgem de forma mais orgânica.

Os melhores corretores de luxo não apenas dominam as técnicas de vendas: são estudiosos, entendem o mercado profundamente e sabem que o sucesso não vem da sorte, mas de trabalho árduo, estratégico e consistente. O sucesso no mercado de alto padrão é construído ao longo do tempo, com base na confiança que você constrói com cada cliente e em sua reputação.

Conclusão: a jornada do corretor de luxo

Se você deseja ingressar ou se destacar no mercado imobiliário de alto luxo, lembre-se: criar valor é um estilo de vida. É a maneira como você escolhe se relacionar com os clientes, como se comunica, como resolve problemas e, acima de tudo, como entrega uma experiência inesquecível. Não se trata apenas de vender imóveis, mas de transformar sonhos em realidade, de ser um consultor confiável e de agregar valor em cada interação.

O sucesso no mercado de alto padrão não é imediato: ele vem com experiência, paciência e dedicação. Se você se comprometer a ser uma versão cada vez melhor de si mesmo e se tornar um especialista em criar valor, certamente se destacará no mercado de luxo e alcançará um sucesso duradouro.

"Não se chega ao mercado de alto padrão por acaso. É uma jornada que se constrói com dedicação."

Douglas Melo

Emanoel Pimentel

Sou Emanoel Pimentel, natural de Belém do Pará, onde construí minha carreira no mercado imobiliário há 12 anos, contribuindo com realizações de sonhos.

Iniciei minha carreira como corretor em 2013, em Belém, trabalhando com imóveis de entrada. Após muita dedicação, tornei-me referência profissional e conquistei o segmento imobiliário de luxo. Em 2014, fui eleito corretor destaque do ano da Cyrela e, em 2021 e 2024, campeão de vendas pela Quadra Engenharia. Em 2023, fui eleito corretor destaque do Norte pelo Prêmio Xeque Mate.

É uma honra escrever este capítulo e participar deste livro com profissionais que admiro. Agradeço a Deus, minha amada família, meus gestores e parceiros. Vamos juntos, porque a vida é uma constante evolução!

emanoelpimenteloficial

+55 (91) 9369-1602

7 O PODER DA MARCA PESSOAL NO MERCADO DE LUXO

Por Emanoel Pimentel

No mercado imobiliário de luxo, vender imóveis vai além de apresentar belas propriedades. Trata-se de vender confiança, autoridade e desejo. E tudo isso começa com uma marca bem construída. Mas, afinal, o que é marca? E por que ela é fundamental para se destacar, especialmente no segmento de alto padrão?

O que é marca?

A marca vai além de um logotipo bonito, um nome elegante ou um perfil no Instagram. De acordo com Philip Kotler (2008, p. 426), "uma marca é um nome, termo, símbolo ou *design* que tem o objetivo de identificar os bens ou serviços de um vendedor e diferenciá-los dos concorrentes". Mas isso é só o começo.

O conceito de marca evoluiu. A Forbes compartilhou que Jeff Bezos afirma que "marca é o que as pessoas dizem sobre você quando você não está na sala" (Castrillon, 2019). No mercado imobiliário de luxo, isso se traduz em credibilidade, excelência no atendimento e um posicionamento que gere desejo.

Construção de marca: mais do que visibilidade, é posicionamento de valor

Construir uma marca sólida é um processo estratégico e contínuo que exige muita atenção. O teórico David Aaker (1991) afirma que uma marca forte gera diferenciação, cria lealdade e justifica o preço mais alto. No mercado de luxo, o cliente não compra só pela necessidade – ele compra por valor percebido. Além disso, a construção de uma marca não acontece da noite para o dia: ela exige comprometimento e entrega de resultados. Uma marca pessoal é construída por meio da consistência e da conexão com o público. Uma marca sólida é aquela que transmite valores como segurança, sofisticação e conhecimento técnico.

Minha trajetória na construção de marca no mercado de luxo

Toda marca pessoal tem um tempo para ser validada, e comigo não foi diferente. Os primeiros passos para validar minha marca pessoal foram compreender meu propósito. Desde o início, entendi que estava lidando com sonhos e que minha missão era contribuir positivamente na vida das pessoas. Nós, corretores, não vendemos apenas imóveis, mas a possibilidade de realização, melhoria de vida e segurança.

Quando atrelamos isso à marca pessoal, passamos a ser reconhecidos como consultores que guiam o cliente na melhor decisão (Kotler, 2021). A transparência e a busca incessante por oferecer o melhor sempre foram valores fundamentais na minha jornada.

Com essa visão, comecei vendendo imóveis de entrada e, ao longo do tempo, fui escalando para produtos de alto padrão. Em 2014, fui eleito pela Cyrela como corretor de destaque do ano. No mesmo período, vendi meu primeiro apartamento acima de R$ 1 milhão, um marco na minha trajetória. Esse resultado não veio por acaso, mas pela forma como construí minha marca: com credibilidade, comprometimento e entrega de valor acima das expectativas do cliente.

Os pilares da construção de marca no imobiliário de luxo

Propósito e valores: o corretor de imóveis de luxo não vende apenas propriedades, ele vende sonhos e *status*. Ter um propósito claro e transmitir valores como transparência e compromisso é essencial para criar conexões reais com os clientes (AAKER, 1996). O corretor que se destaca nesse segmento é aquele que constrói relacionamentos sólidos, baseados em confiança e credibilidade. Ele entende que cada transação vai além da compra e venda: trata-se, na verdade, da realização de um sonho e um investimento estratégico.

Posicionamento: o profissional precisa se destacar como especialista e como referência. No meu caso, sempre foquei em transmitir conhecimento e escuta ativa para entender as reais necessidades do cliente. Escuta ativa é uma habilidade essencial para um corretor de imóveis de luxo, pois vai muito além de simplesmente ouvir o cliente. Trata-se de uma abordagem que envolve atenção total, empatia e compreensão profunda das reais necessidades e desejos do comprador. No mercado de alto padrão, cada cliente tem expectativas únicas, e muitas vezes ele não expressa diretamente tudo o que deseja em um imóvel. A escuta ativa permite captar nuances, interpretar sinais e fazer perguntas estratégicas para entender o que realmente importa para ele – seja privacidade, exclusividade, localização estratégica ou um *design* sofisticado.

Consistência: a comunicação precisa ser uniforme em todos os pontos de contato com o cliente. Seja nas redes sociais, na interação presencial ou no pós-venda, a experiência deve ser impecável e coerente. Para garantir essa consistência, o corretor deve definir sua identidade verbal e visual, mantendo um tom de comunicação adequado ao seu público-alvo e uma estética alinhada em *posts*, materiais de venda e apresentações. Produzir conteúdo relevante, como *tours* virtuais, *cases* de sucesso e depoimentos, ajuda a consolidar a autoridade da marca.

Diferenciação: o que faz um cliente escolher você e não outro corretor? No meu caso, foi o compromisso de entregar mais do que o esperado, oferecendo uma consultoria personalizada, exclusividade e um atendimento de alto padrão. Para se encontrar e se diferenciar, o corretor deve definir sua especialidade, criar uma identidade forte de marca, adotar um posicionamento claro e ser notável aos olhos do público. Isso envolve autenticidade, consistência e estratégias de *marketing* bem elaboradas para atrair e fidelizar clientes.

Reputação: no segmento de luxo, indicações e *networking* são cruciais. O que as pessoas falam de você no mercado é um fator determinante para sua credibilidade e abre portas para novas oportunidades. Para um corretor imobiliário, o *networking* começa pela presença ativa em eventos e comunidades do setor, como feiras imobiliárias, associações de classe, grupos de empreendedores e encontros empresariais.

Arquétipos da marca e expressão visual

De acordo com o *site* Rock Content, pessoas que trabalham bem sua marca pessoal são mais lembradas (Ramos, 2019). Assim, utilizamos os arquétipos de marca, que são padrões de comportamento e identidade que ajudam a criar uma conexão emocional com o público-alvo. A seleção do arquétipo certo pode elevar a percepção da marca e torná-la mais memorável. Deve-se atentar que nem sempre seu arquétipo pessoal é a melhor escolha para sua futura construção de marca. Alguns dos arquétipos, identificados por Carl Jung (2018), que podem combinar com o corretor imobiliário de luxo são:

- **O governante:** representa poder, sofisticação e liderança. Empresas que adotam esse arquétipo transmitem uma imagem de autoridade e exclusividade, destacando-se como referência absoluta no mercado.

- **O criador:** simboliza inovação, originalidade e *design*. Ideal para marcas que investem em soluções tecnológicas e experiências personalizadas nos empreendimentos.
- **O prestativo:** foca serviço impecável e experiência do cliente. Esse arquétipo é essencial para construtoras e imobiliárias que valorizam um atendimento altamente exclusivo e humanizado.
- **O explorador:** conectado ao desejo de liberdade e experiências grandiosas. Pode ser adotado por marcas que oferecem imóveis em locais paradisíacos, como casas em ilhas privativas ou condomínios em meio à natureza.

Junto com o arquétipo escolhido, deve estar alinhada a expressão visual da marca. Em relação ao digital, faz parte planejar o uso de cores que transmitem sofisticação, enquanto tipografias elegantes e *layouts* minimalistas reforçam a identidade *premium*. Ademais, a comunicação não verbal também desempenha um papel crucial na construção da percepção de marca. Profissionais do mercado imobiliário de luxo devem estar alinhados à imagem que desejam transmitir. Isso inclui: vestimenta e corte de cabelo bem apresentáveis; postura alinhada e confiante; frequentar determinados ambientes, como eventos, que o cliente frequenta, entre outros aspectos.

Por que investir na construção de sua marca?

Investir na construção de uma marca sólida transforma um corretor em uma autoridade no mercado. É a marca que o diferencia dos demais profissionais e faz com que seu nome seja lembrado por clientes que buscam discrição, segurança e exclusividade.

Com valores definidos e a disposição de fazer acontecer, fui um dos pioneiros no uso das redes sociais como veículo de comunicação com o cliente em Belém. Em 2014, já gravava vídeos personalizados para meus clientes, mostrando a vista e detalhes dos imóveis. Isso reduziu o ciclo de compra e criou uma experiência imersiva para quem ainda não tinha visitado o local.

Passei a investir em experiências, como frequentar eventos, restaurantes, explorar bairros e levar essas experiências para os clientes. Esse trabalho inovador me levou a ser eleito, em 2021, o corretor com maior VGV de venda individual da Quadra, um time por quem tenho um carinho especial.

Para se destacar, um corretor precisa acreditar no que vende e ter coerência. Se defendo que investir em imóveis é um excelente negócio, também invisto. Minha marca pessoal reflete essa verdade.

O conselho que dou aos corretores é: conheça-se, entenda seu impacto, conheça seu público e construa sua marca pessoal. O caminho é fortalecer sua identidade e se posicionar adequadamente.

Isso inclui desde a aparência e comportamento até o *networking* com parceiros estratégicos. Saber quais lugares os clientes frequentam, construir relações de confiança e estar em constante capacitação é fundamental. No mercado de luxo, os clientes querem se sentir exclusivos, bem atendidos e prestigiados.

Uma marca pessoal bem estruturada, combinada com valores sólidos e um atendimento diferenciado, gera resultados consistentes. No mercado de luxo, vender imóveis é vender um estilo de vida e uma experiência única.

BIBLIOGRAFIA

AAKER, D. A. *Managing Brand Equity*: Capitalizing on the Value of a Brand Name. New York: The Free Press, 1991.

AAKER, D. A. *Building Strong Brands*. New York: Free Press, 1996.

CASTRILLON, C. Why Personal Branding is More Important than Ever. *Forbes*, 12 fev. 2019. Disponível em: https://www.forbes.com/sites/carolinecastrillon/2019/02/12/why-personal-branding-is-more-important-than-ever/. Acesso em: 25 abr. 2025.

JUNG, C. G. *Os arquétipos e o inconsciente coletivo*. Petrópolis: Vozes, 2018.

KOTLER, P.; KARTAJAYA, H.; SETIAWAN, I. *Marketing 5.0*: Tecnologia para a humanidade. São Paulo: Sextante, 2021.

KOTLER, P. *Marketing Management*. 7. ed. Englewood Cliffs: Prentice Hall, 1991.

RAMOS, A. J. Entenda o conceito de arquétipos de marca e aprenda como criar um negócio de valor. *Rock Content*, 27 nov. 2019. Disponível em: https://rockcontent.com/br/blog/arquetipo-de-marca/. Acesso em: 25 abr. 2025.

“Imóveis de luxo se vendem com presença, propósito e posicionamento.”

Emanoel Pimentel

Fabricio Saltini

Sou Fabricio Piva Saltini, natural do Rio Grande do Sul. Mudei-me para os Emirados Árabes Unidos em 2008 com minha família. Desde então, vivo em Dubai. Sou casado com minha arabezinha linda, a Nour Salem, e pai de dois anjos, Matteo e Marcos. Atuo há 15 anos no mercado imobiliário de luxo e alta *performance*, com mais de US$ 1 bilhão em vendas diretas e mais de US$ 1,5 bilhão de minha equipe sob minha gestão. Hoje, sou sócio-diretor da Eden Realty, uma empresa especializada exclusivamente em vendas de imóveis de luxo.

Superando todos os desafios com os quais me deparei, consegui me estabelecer como um dos corretores de mais sucesso em Dubai.

fabricio.saltini

+971 55 104 5220

www.edenrealty.com

fs@edenrealty.com

8 COMO VENDER IMÓVEIS DE ULTRALUXO EM DUBAI

Por Fabricio Saltini

O mercado imobiliário de Dubai é hoje um dos principais e mais aquecidos mercados imobiliários do mundo. Somente em 2024, ultrapassou a marca de US$ 207 bilhões em transações, com estimativa de bater esse recorde em 2025 (Governo de Dubai, 2024).

Devido à riqueza que Dubai está atraindo como consequência de todas as vantagens que oferece como paraíso fiscal – ambiente extremamente seguro em termos de criminalidade e com alta segurança financeira, infraestrutura incrível, com estradas, metrôs, aeroportos, portos, sem excluir algumas das melhores praias e restaurantes do mundo e maravilhas como Palm Jumeirah, Dubai Mall e o Burj Khalifah, a torre mais alta do mundo –, a cidade atraiu 6.700 novos multimilionários que migraram para os Emirados Árabes Unidos e o chamaram de lar, superando locais que antes eram favoritos, como Londres, Los Angeles, Paris e Nova York (Henley & Partners, 2025).

Isso resultou em uma recente "corrida do ouro" no mercado imobiliário, que vem crescendo por cinco anos consecutivos desde 2020, graças à maneira genial com que os líderes HH sheikh Mohammed Al Maktoum, emir de Dubai e vice-presidente, e HH Sheikh Mohammed Bin Zayed, emir de Abu Dhabi e presidente dos Emirados Árabes Unidos, lidaram com a crise desencadeada pela pandemia de covid-19.

Em meio a um mercado tão ativo e rico, com diversas transações acima de US$ 20 milhões, US$ 50 milhões e até US$ 100 milhões, o setor de corretagem imobiliária de alto luxo floresceu como nunca, tendo milhares de profissionais de muitas nacionalidades, culturas e atividades diferentes tentando a sorte na corretagem, resultando em um mercado que atualmente comporta mais de 26 mil corretores.

Para prosperar neste mercado incrível e extremamente competitivo, criei uma lista de requisitos que acredito serem necessários para se estabelecer como um corretor imobiliário de luxo de alta *performance* em Dubai. Apresento-a nos tópicos a seguir.

Ser experiente

Como se fala mundialmente, é preciso caminhar antes de correr, e isso também funciona no ramo imobiliário. É preciso ter adquirido experiência com transações menores e cometido os erros de iniciante antes de se propor a ser corretor de imóveis de alto nível. Adquirir conhecimento e experiência é uma parte extremamente importante desse negócio, portanto, você deve conhecer seu mercado, conhecer as regras e regulamentos imobiliários, o que fazer e o que não fazer no negócio. Você deve ter um profundo conhecimento interno de tudo o que está acontecendo na comunidade na qual decidiu focar seus negócios. Dubai é um lugar muito grande (mesmo que seja relativamente pequeno comparado ao Brasil) – você não pode negociar em todos os lugares, ninguém pode! Ao lidar com um milionário ou bilionário sobre imóveis de alto padrão, demonstrar conhecimento sobre o mercado, sobre o imóvel e gerenciar uma negociação simples e sofisticada o levará mais longe e fará com que seu cliente confie em você, e grandes negócios são feitos com confiança.

Foque em áreas específicas

Dubai apresenta diversos imóveis de luxo, com comunidades e bairros com milhares de propriedades. Especializar-se em uma única área trará benefícios a você. Os principais bairros de alto padrão em Dubai são:

- Jumeirah Bay: mansões entre US$ 40 milhões e US$ 150 milhões;
- Emirates Hills: mansões entre US$ 10 milhões e US$ 150 milhões;
- Palm Jumeirah: mansões entre US$ 10 milhões e US$ 150 milhões;
- Dubai Hills: mansões entre US$ 10 milhões e US$ 130 milhões.

Para se tornar autoridade em relação a um bairro, especialmente em uma comunidade de alto padrão, seu desempenho e histórico de vendas contam muito. Seu cliente sempre escolherá negociar com um corretor que conhece o negócio e, o mais importante, é conhecido na área. Seu histórico de vendas efetivadas falará muito sobre você e seu trabalho. Um corretor com um bom histórico provavelmente acumulou boas parcerias com vendedores, compradores e, muito importante, com outros corretores!

Tenha parcerias

Quando você intermedeia grandes vendas em Dubai, é muito importante contar com sua rede de agentes. Ao longo de sua carreira no mercado imobiliário de luxo, cultivar parcerias boas e frutíferas com outros corretores é essencial para sua eficácia. Alguns corretores perdem tempo procurando vendedores diretos quando têm um comprador em mãos, acreditando que podem ganhar mais comissões; em vez disso, utilize seu círculo de corretores de confiança, que devem ter um imóvel que atenda às necessidades de seus clientes.

Caso o estoque que você tem não atenda às necessidades de seus clientes milionários ou bilionários, seu foco deve ser satisfazer as necessidades de seus clientes, não as suas, e você geralmente consegue isso tendo um grande círculo de corretores de confiança. Construa seu círculo confiável de corretores.

Seja paciente e siga o dinheiro

Negócios grandes não acontecem diariamente. Em geral, negócios de valores milionários resultam de anos de relacionamentos cultivados e trabalhos bem-feitos. Quando negociamos com milionários e bilionários, estamos lidando com compradores e vendedores extremamente inteligentes, empresários de muito sucesso, pessoas poderosas, chefes de estado, membros de famílias reais; então, saber como e quando pressionar e quando esperar é muito importante. Em nosso ramo, ouve-se muito que o tempo "mata negócios", porém, em negócios de alto nível, o que mata um negócio é o corretor sem paciência. Meu primeiro negócio com valor superior a US$ 100 milhões resultou de quatro anos "perseguindo" um saudita que estava no mercado para comprar um prédio inteiro – não parei até ter sua atenção, e acabamos fechando negócio. Então, tenha paciência e continue prospectando e mostrando imóveis após qualificar seus clientes. Toda visita deve resultar em uma oferta ou em uma nova visita!

Seja móvel

É importante que todo corretor de alto padrão em Dubai saiba que, por mais experiente e bem-sucedido que seja, infelizmente, não é dono de seu tempo.

No mundo dos clientes bilionários, o tempo deles vale muito e, na maioria dos casos, é extremamente escasso. Você receberá ligações pedindo atitudes imediatas para mostrar imóveis, enviar inventários, reunir-se para um cafezinho (sim, o café brasileiro está na mesa de todas as reuniões em Dubai), e os horários podem se estender até a madrugada, especialmente durante o Ramadã, quando os clientes muçulmanos fazem a maior parte de seus negócios à noite em lugares chamados majlis.

Seja tolerante

Com mais de 185 nacionalidades presentes, Dubai é um lugar cosmopolita, onde todas as religiões e culturas são bem-vindas e convivem em harmonia. Então, esteja pronto para lidar com clientes com culturas completamente diferente da sua. Ressalto a importância de aprender sobre essas culturas diferentes e saber como se portar em potenciais negociações com esses clientes.

Use *networking*

Networking em Dubai é garantia de negócios. Na terra onde negócios são feitos 24 horas por dia, encontrar-se com o maior número de pessoas de negócios vai ajudar muito. Desde banqueiros, *stock brokers*, construtores, investidores e corretores, todos estão cercados por riqueza, e todos investem ou têm amigos que são investidores no mercado imobiliário de Dubai. Ao se relacionar com essas pessoas, você criará um tipo de *lead funnel* em que negócios serão indicados a você constantemente.

Tenha um marketing forte

Quando você conseguiu obter a confiança de um investidor e recebeu a responsabilidade de colocar um imóvel de luxo à venda em Dubai, é preciso fazer um planejamento detalhado. Cada imóvel é diferente e deve ser colocado à venda de maneiras diferentes. Use todas as mídias sociais que puder, com vídeos profissionais e pessoais mostrando o imóvel. Utilize drones para uma visão aérea, mostrando a dimensão do imóvel. Plataformas como Instagram, YouTube e Facebook são fundamentais. Além disso, um *website* corporativo e pessoal, e portais de imóveis com fotos de alta resolução, também auxiliam em sua estratégia de *marketing* e comunicação via WhatsApp. Além do *marketing* digital, eventos ao estilo *open house* – quando você convida clientes e, principalmente, autoridades em seu mercado, corretores de sucesso – sempre resultam em visitas marcadas e ofertas.

Trabalhe duro

Neste mercado supercompetitivo, o que diferencia o nível entre corretores que não conseguem pagar suas contas e corretores que têm relógios de meio milhão de dólares é o tempo dedicado aos negócios e a maneira com que gastam esse tempo. Se você utilizar o tempo conhecendo o mercado, conhecendo o imóvel, qualificando seu cliente e investindo o tempo em realmente conhecer seu cliente e suas necessidades, o negócio é inevitável: não será uma questão de se irá fazer negócio ou não, mas *quando* o negócio será feito.

Este é um pequeno resumo de como tracei minha carreira nesses últimos quinze anos de corretagem de alta *performance* em um mercado de alto padrão e de luxo, resultando em vendas de mais de US$ 1 bilhão e amigos muito poderosos. A corretagem me ensinou a ter coragem, a não ter medo de falar com absolutamente ninguém, a ter conhecimento de todas as minhas limitações e trabalhar para melhorá-las, a ter conhecimento daquilo em que sou bom e focar no que sei. Ela me ensinou a me transformar de corretor em investidor e aplicar em meus próprios investimentos o que falo para meus clientes. Como corretor, aprendi muito e hoje transmito meu conhecimento adiante para que outros brasileiros em Dubai tenham a possibilidade de se estabelecer como corretores de luxo nesse lugar maravilhoso que hoje chamo de casa.

Sou grato principalmente ao Flávio e ao Gustavo, por terem tomado essa iniciativa muito bacana de ajudar corretores de níveis diferentes a compartilhar experiências, expandir a mente de todos que lerem este livro, conhecerem as belezas deste trabalho que amamos e nos deixar contar um pouco de nossa história.

BIBLIOGRAFIA

DUBAI LAND DEPARTMENT. *Dubai Land Department*. Disponível em: https://dubailand.gov.ae/en/#/. Acesso em: 30 abr. 2025.

GOVERNO DE DUBAI. *Dubai's Real Estate Sector Records AED761 Billion in Transactions in 2024*. Dubai: Department of Finance, 2025. Disponível em: https://dmo.dof.gov.ae/en/news-and-publications/latest-press-releases/dubai-s-real-estate-sector-records-aed761-billion-in-transactions-in-2024/. Acesso em: 30 abr. 2025.

HENLEY & PARTNERS. *World's Wealthiest Cities Report 2025*. [*S.l.*]: Henley & Partners, 2025. Disponível em: https://www.henleyglobal.com/publications/wealthiest-cities-2025/fastest-growing-citiesglobal-wealth. Acesso em: 30 abr. 2025.

"Conquiste Dubai! O mercado imobiliário mais luxuoso do mundo!"

Fabricio Saltini

Flávio Mendonça

Nasci em Belo Horizonte, em 1978, no dia 19 de novembro. Sou irmão gêmeo do Gustavo, com quem aprendi desde o ventre de nossa mãe o valor de dividir e amar. Sempre fui sonhador, curioso e apaixonado por gente. Estudei Economia e Administração, mas aos 20 anos me mudei para São Paulo para trabalhar com entretenimento na TV, onde fiquei por dez anos. Aos 27, comecei a carreira internacional como modelo e morei em países como Grécia, China, África do Sul e Tailândia. Essas experiências expandiram meu olhar espiritual e cultural.

Aos 29, tornei-me pai, e hoje sou casado com Annelyse Schoenberger e pai de três filhos lindos: Nicolas, de 16 anos, Benjamim, de 9 anos, e Sebastian, de 2 anos. Em 2012, já com 32 anos, mudei-me para Miami para seguir minha paixão pelo mercado imobiliário.

flaviomendonca1

+55 (11) 97513-9009

MANUAL DO CORRETOR DE LUXO

9 A ARTE DE APRESENTAR IMÓVEIS DE LUXO

Por Flávio Mendonça

Mais do que vender, encantar

Apresentar um imóvel de alto padrão exige muito mais do que uma descrição técnica apurada. Trata-se de oferecer uma experiência que reflita um estilo de vida desejado, despertando emoções e criando conexões. O comprador de imóveis de luxo busca exclusividade, conforto e *status* – e a forma como o imóvel é apresentado deve traduzir tudo isso.

A experiência começa antes mesmo da visita presencial. Imagens e vídeos profissionais, com iluminação adequada e foco nos diferenciais, são indispensáveis. O material de divulgação deve ir além das características físicas e construir uma narrativa envolvente, que convide o cliente a imaginar como seria viver naquele espaço.

O público de alto padrão valoriza minúcias. Por isso, é essencial destacar materiais de acabamento de forma precisa (exemplo: mármore italiano, madeira nobre, esquadrias acústicas), além de valorizar os recursos tecnológicos disponíveis por meio de demonstrações práticas e não apenas menções técnicas. Projetos assinados por arquitetos ou *designers* renomados devem ser mencionados com destaque.

Vende-se um estilo de vida! É mais do que uma localização privilegiada, é necessário mostrar o que ela representa – sofisticação, tradição, acesso à cultura e à gastronomia. Áreas comuns devem ser apresentadas como extensões do lar, reforçando o conceito de bem-estar: *spas*, adegas, salas de cinema e outros espaços tornam-se diferenciais quando associados a uma experiência de viver com conforto e elegância.

Na apresentação *in loco*, todos os sentidos contam, então a apresentação sensorial é essencial. A ambientação precisa ser cuidadosamente planejada: trilha sonora suave, fragrância sutil, iluminação ajustada e atendimento personalizado criam uma atmosfera acolhedora. Servir café, água aromatizada ou espumante reforça o cuidado com o detalhe e transmite exclusividade.

A forma como se fala sobre o imóvel influencia diretamente na percepção do cliente. Frases genéricas devem ser substituídas por descrições precisas e elegantes, que evoquem imagens e emoções, como: “residência com vista definitiva para o mar” ou “cozinha integrada com acabamentos em quartzo e vista para a serra”. Isso comunica valor.

Bom, encantar o cliente não é um luxo, mas uma estratégia essencial no mercado de alto padrão. Apresentar imóveis de luxo com sensibilidade, atenção aos detalhes e linguagem adequada transforma o processo de venda em uma experiência única, e, muitas vezes, decisiva. Mais do que vender, é preciso criar desejo e tornar o imóvel um sonho possível.

Vender um imóvel de luxo é muito mais do que uma simples transação comercial. É um encontro entre o desejo e a realização, entre o sonho e a decisão de como viver daqui para frente. A metáfora da valsa representa com precisão esse processo: uma dança delicada na qual cada passo – da apresentação ao fechamento – deve ser conduzido com sensibilidade, ritmo e conexão.

Mais do que vender metros quadrados, acabamentos nobres ou localizações privilegiadas, o verdadeiro papel do profissional de alto padrão é oferecer algo imensamente mais valioso: tempo bem vivido. Afinal, no fim da vida, o que permanecerá não serão os bens acumulados, mas as memórias construídas – os cafés na varanda, os encontros em família, os silêncios confortáveis em espaços que fazem o coração vibrar.

Quando o cliente se emociona com um imóvel, quando ele sente algo que nem sabia que procurava, a venda já começou a acontecer em um nível profundo. Nesse momento, o racional cede espaço ao emocional, e o preço passa a ser apenas uma consequência, não o foco da decisão.

Mas para que essa conexão seja verdadeira, é essencial que o corretor também esteja emocionalmente envolvido com o que apresenta. É preciso acreditar no imóvel, sentir que ele oferece algo único, que pode de fato transformar a vida de quem ali for morar. Trabalhar com produtos que tocam sua própria alma é o primeiro passo para conseguir tocar a alma do outro.

A venda no mercado de luxo exige autenticidade. Não se trata de convencer com argumentos prontos, mas de se entregar com presença, verdade e paixão. O cliente sente quando o profissional está conectado com o que diz – e é essa conexão que cria confiança, desejo e decisão.

Em março de 2020, minha vida deu uma virada: fui diagnosticado com covid-19, em um momento em que tudo era novo, incerto, assustador. Acabei sendo internado, e me vi sozinho, em um quarto de hospital, cercado de silêncio e pensamentos. Ali eu senti um medo que nunca tinha sentido antes. Medo de verdade. Medo de morrer.

E naquele momento, com tudo o que estava acontecendo, sabe o que eu mais queria? Não era um carro novo, não era uma conquista profissional, nem nada material. O que eu mais desejava era simples: sentir o Sol tocando a minha pele mais uma vez.

Pode parecer pouco... mas ali, tudo fez sentido. Eu percebi o valor das coisas simples. Um café da manhã com calma, o cheiro do jardim depois da chuva, uma varanda iluminada pela luz dourada do fim da tarde, a paz de estar em um lugar que o acolhe. É isso que importa. É isso que realmente fica.

Desde então, essa vivência me acompanha em tudo, especialmente no meu trabalho, porque vender um imóvel, para mim, não é apenas intermediar uma compra. Não se trata de número de quartos, área útil ou preço por metro quadrado. Trata-se de ajudar alguém a encontrar um espaço onde vai viver melhor. Onde vai criar memórias, ver os filhos crescerem, comemorar conquistas, viver momentos que marcam a alma.

Quando eu apresento um imóvel, não falo sobre taxa de condomínio ou comparação de mercado. Eu falo sobre sensações. Sobre a energia do espaço, sobre como é acordar com aquela vista, cozinhar para quem se ama, sentar no sofá e respirar paz. Eu falo sobre tempo. Porque, no fundo, é isso que a gente está vendendo: tempo bem vivido.

O dinheiro, na maioria das vezes, já está na conta. O que falta é propósito.

Para mim, vender é isso. É contribuir, de verdade, para que alguém viva melhor. É criar uma ponte entre o hoje e o que essa pessoa ainda nem sabia que estava procurando. E isso... isso não tem preço.

Às vezes, vivemos situações que nos mostram, de forma muito clara, o poder que a emoção tem dentro de uma negociação. E há uma história que ficou marcada em mim, como uma daquelas experiências que nunca podemos esquecer.

Eu estava negociando uma unidade de altíssimo padrão. Um imóvel realmente diferenciado, em um empreendimento único, construído no mesmo local onde, no passado, funcionava uma maternidade muito conhecida da cidade. Só isso já tornava o projeto especial – era um prédio com arquitetura histórica, cheio de personalidade, com detalhes preservados que contavam a história do tempo.

Durante uma conversa com o cliente, enquanto falávamos sobre o projeto, ele comentou, quase como quem joga uma curiosidade no ar, que tinha nascido justamente naquela maternidade. Na hora, eu senti algo diferente. Aquilo não era apenas uma coincidência. Era um ponto de conexão profunda entre ele e o imóvel – e talvez ele mesmo ainda não tivesse se dado conta disso.

Então, decidi fazer algo fora do comum. Naquela mesma noite, quase meia-noite, liguei pra ele e propus uma visita. Uma visita diferente, especial. Levei o cliente até o imóvel e, dentro da estrutura preservada do antigo prédio, encontrei o que provavelmente tinha sido a antiga sala de parto. Era um espaço que ainda mantinha o silêncio e a força de lugares com história.

Esse cliente era um cara forte, imponente. Daqueles que passam firmeza em tudo. Mas, naquele momento, parado ali, no lugar exato onde sua vida havia começado, ele ficou em silêncio. E, logo depois, visivelmente emocionado. Foi um instante poderoso, de reconexão com a própria história. Não era mais uma visita técnica. Era uma volta à origem. Um reencontro consigo mesmo.

E eu digo a você, com toda a certeza: aquele momento foi determinante. A decisão de compra veio logo depois. Não porque era um excelente negócio – embora fosse –, mas porque aquele imóvel ganhou um significado único para ele. Era mais do que uma aquisição. Era um resgate.

É por isso que acredito, de verdade, na força da emoção em uma venda. Quando conseguimos tocar o coração do cliente, tudo muda. A conversa sai do racional e vai para o essencial. A venda deixa de ser sobre números e passa a ser sobre memória, pertencimento, verdade.

Quando isso acontece, a venda não é só inesquecível para o cliente. É para mim também. Nem sempre o imóvel ideal está nos anúncios. Às vezes, está escondido, esperando ser descoberto por alguém disposto a olhar além. Foi o que aconteceu com um cliente muito especial – um médico tradicional, que buscava um terreno com espaço, privacidade e uma localização que realmente fizesse sentido pra ele. Mas não era só isso. O lugar precisava ter alma.

Naquele momento, entendi que minha missão não era apenas mostrar opções. Era encontrar o lugar. E, para isso, decidi sair do óbvio. Peguei minha bicicleta e fui pedalar pela região, sentindo cada rua, observando as casas, os sons, os cheiros, o silêncio das manhãs e o movimento das tardes. Queria entender com o corpo o que não se enxerga no papel.

Foi aí que encontrei. Uma casa antiga, discreta, em um terreno de mil metros quadrados. Amplo, bem localizado, cheio de potencial. Assim que vi, senti: era ali. Levei o cliente até ali, e ele, com a sensibilidade de quem reconhece um lar em construção, sentiu o mesmo.

Essa história representa o que é estar verdadeiramente comprometido. Não se trata de vender imóveis. Trata-se de ir além, envolver-se de verdade e ajudar alguém a encontrar o espaço no qual vai escrever os próximos capítulos da vida.

“Vender imóveis de alto luxo é ajudar o cliente a encontrar o espaço para os próximos capítulos da vida.”

Flávio Mendonça

Guilherme Pilger

Sou Guilherme Pilger, gaúcho de origem e estrategista no mercado de imóveis de alto padrão. Casado com Fernanda e pai do Arthur, pilares que sustentam minha trajetória com equilíbrio e propósito. Desde 2008, dedico-me à construção de uma trajetória sólida e reconhecida no mercado imobiliário, e desde 2020 atuando em Balneário Camboriú/SC, uma das praças imobiliárias mais valorizadas do país.

Atualmente, sou um dos corretores mais influentes do Brasil e com a maior visibilidade do sul do país, coautor do *best-seller A chave da venda de imóveis*, palestrante em grandes eventos do mercado imobiliário e idealizador do reality Vende-se Balneário Camboriú. Transformei minha atuação em um verdadeiro case de posicionamento, autoridade e influência no setor.

Minha missão é: conduzir negociações estratégicas, gerar valor real para cada cliente e transformar cada transação em uma decisão assertiva, com retorno, solidez, alinhado ao que o cliente deseja, gerando relacionamentos para o resto da vida.

guilhermepilger

Guilherme Pilger

GuilhermePilgerOficial

10 A ESTRATÉGIA POR TRÁS DE UMA REFERÊNCIA

Por Guilherme Pilger

Minha ânsia por conhecer e desbravar novos lugares, buscar novas experiências e estilo de vida em vários países me fez ver que eu poderia trazer algo novo e inovador ao mercado, que seria uma forma diferente de impactar e me tornar conhecido. Eu sabia que a chave do sucesso estaria na diferenciação, em dominar um mercado que até então não era explorado, por meio da internet, e posicionando minha imagem de forma estratégica para gerar conexão e credibilidade.

Construir uma trajetória sólida no mercado imobiliário de luxo em Balneário Camboriú vai além da realização de vendas expressivas – trata-se de consolidar uma marca pessoal que transmite confiança, exclusividade e excelência em cada detalhe. Desde os primeiros passos da minha jornada, compreendi que, em um mercado altamente competitivo, não bastaria dominar técnicas de vendas. Seria necessário construir um posicionamento estratégico, alicerçado em *branding* de impacto e presença digital relevante.

Balneário Camboriú consolidou-se como um dos principais destinos do mercado imobiliário de alto padrão no Brasil, atraindo investidores exigentes que não buscam apenas um imóvel: buscam *status*, conforto e um estilo de vida singular. Nesse cenário, minha missão sempre foi ir além da intermediação de negócios. Entendi, desde o início, que cada cliente do segmento de luxo espera exclusividade em todos os aspectos. E que a minha imagem como profissional precisaria refletir os mesmos valores que esse público busca: sofisticação, credibilidade e discrição.

No mercado imobiliário de alto padrão, em que cada detalhe influencia a percepção de valor, as alianças estratégicas desempenham um papel decisivo. Mantenho parcerias consolidadas com as principais construtoras do litoral catarinense, algumas, inclusive, como embaixador da marca. Essas conexões não apenas ampliam meu acesso a produtos diferenciados como reforçam meu posicionamento como um profissional de confiança no segmento de luxo.

Hoje, tenho a honra de ser embaixador de uma construtora de alto padrão de outra região que buscava alguém para trazer mais credibilidade e visibilidade para seu primeiro empreendimento a ser construído em Balneário Camboriú – uma marca reconhecida por sua excelência, inovação e alto padrão construtivo. Esse título traduz mais do que representatividade: expressa meu comprometimento em associar minha imagem a empresas que compartilham dos mesmos valores que eu defendo – solidez, consistência e entrega de valor real.

Meu foco permanece inegociável: apresentar ao meu público imóveis que, de fato, representem oportunidades únicas – em conceito, localização, acabamento e *performance*. No mercado de luxo, não basta estar presente: é preciso ser seletivo, estratégico e absolutamente coerente com a proposta de excelência que cada cliente espera encontrar.

A força do *branding* pessoal no mercado de luxo

Tornar-se referência não é obra do acaso: é resultado direto de um trabalho estratégico, disciplinado e coerente de construção de marca pessoal. No universo do alto padrão, a percepção que o cliente tem de você é, muitas vezes, tão valiosa quanto o próprio produto que você oferece. Por isso, desde cedo, preocupei-me em edificar uma imagem que expressasse autoridade, conhecimento sobre o mercado e um compromisso inegociável com a consistência.

Meu *branding* pessoal é sustentado por pilares bem definidos: mostrar um forte conhecimento de mercado e uma comunicação que inspira confiança. Cada conteúdo que compartilho, cada negociação que conduzo e cada interação com o cliente é tratada como uma oportunidade de reforçar esses valores. Em um segmento em que a credibilidade é tudo, a consistência do posicionamento é o que diferencia os nomes passageiros das marcas atemporais.

A marca de um corretor de luxo precisa ser mais do que um nome: ela precisa se tornar um símbolo, sinônimo de exclusividade, segurança e alto padrão. Por isso, reflito de forma genuína quem eu sou. E é essa autenticidade que gera conexão e transmite confiança aos meus clientes.

Marketing digital: a arte de se destacar em um mercado de alta *performance*

No cenário atual, presença digital não é mais um diferencial: é um requisito básico. E, no mercado de luxo, é preciso ir além da visibilidade: deve-se construir autoridade e gerar desejo. Entendi que estar onde meu público está – com clareza, estratégia e propósito – seria fundamental para consolidar meu nome como referência em imóveis de alto padrão.

Investi tempo e recursos em estratégias de *marketing* digital que não apenas me colocassem em evidência, mas que posicionassem minha marca como a escolha natural para quem deseja o melhor. Cada plataforma – como Instagram e YouTube – deve ser usada para mostrar o que as pessoas querem ver: imóveis de alto padrão, beleza, exclusividade e um estilo de vida admirado. Mais do que divulgar, é preciso apresentar com clareza o que esse mercado tem de melhor.

Acredito no poder da consistência. Mais do que divulgar imóveis, meu foco sempre foi mostrar o estilo de vida que eles proporcionam. Vídeos com linguagem descontraída, imagens de alto impacto e descrições minuciosas transformam cada propriedade em uma experiência divertida. No mercado de luxo, não vendemos apenas imóveis: vendemos uma forma de viver.

Compreender o comportamento do meu público, antecipar tendências e ajustar a comunicação com base em *insights* reais foi essencial para me destacar em um mercado altamente qualificado. No *marketing* digital, o foco está em ter muita consistência em produção de conteúdo com imóveis de luxo para ter alta visibilidade a fim de alcançar o público certo.

Posicionamento de marca: ser a primeira escolha

Conquistar um lugar de destaque no mercado de luxo exige muito mais do que competência técnica. Exige investimento intenso em *marketing* pessoal, seja por meio dos *outdoors*, dos panfletos, das placas ou das faixas que passam pelos paramotores, todas as formas de estar presente em primeiro lugar na cabeça do cliente são importantes. Esse posicionamento está ancorado em três pilares fundamentais.

1. Autoridade: ser reconhecido como especialista em imóveis de alto padrão, com conhecimento do mercado, dos produtos e das oportunidades mais promissoras.

2. Exclusividade: oferecer acesso privilegiado a empreendimentos singulares, entregando soluções que poucos têm condições – ou credibilidade – para apresentar.

3. Relacionamento: construir vínculos reais, em que cada cliente se torna não apenas comprador, mas um embaixador espontâneo da minha marca.

Para fortalecer esse posicionamento, procuramos trazer empatia em cada ponto de contato: do primeiro atendimento ao pós-venda. Em um mercado em que tudo comunica, o cuidado com os detalhes é o que sustenta a percepção de valor. Porque, no segmento de luxo, a experiência do cliente não termina com a entrega das chaves – ela se prolonga em cada gesto que confirma a atenção e o respeito por aquilo que ele representa.

A jornada de um nome à referência

Tornar-se referência em um dos mercados mais exigentes do país foi uma construção intencional, estratégica e ininterrupta. Cada passo de minha jornada foi guiado por um propósito definido: ser referência quando se trata de imóveis de alto padrão em Balneário Camboriú.

Nem sempre o caminho foi fácil. Agradeço às portas fechadas que encontrei e aos obstáculos e dificuldades que superei. Iniciar um trabalho em um novo local sempre será um desafio, porém, posso afirmar que é possível. Tenha em mente o objetivo, forme alianças de valor com pessoas comprometidas e tenha a intuição afinada para tomar as decisões que realmente agregarão ao resultado que você busca.

Hoje, a marca Guilherme Pilger é reconhecida como sinônimo de confiança e solidez em Balneário Camboriú. Esse reconhecimento não foi conquistado por sorte, e sim por consistência. Por compreender as expectativas do público mais exigente e superá-las com inteligência de mercado.

Ser referência é estar sempre um passo à frente, antecipando o que o mercado ainda vai desejar e inovando na forma de comunicar. No mercado de luxo, cada detalhe importa.

A jornada até aqui foi construída com estratégia, coragem e consistência, mas ela está longe de terminar. O que me move diariamente é a certeza de que sempre há um novo patamar a ser alcançado, uma nova história para viver e um novo cliente para atender. Em um mercado que exige *performance* e reinvenção constante, manter-se no topo é questão de foco, precisão e atitude. Ser referência não é um ponto de chegada, é um compromisso contínuo com a evolução. E é com essa mentalidade que sigo – pronto para o próximo nível.

"No mercado de luxo, não se constrói apenas uma carreira: consolida-se uma marca que se destaca pela credibilidade e pelos resultados."

Guilherme Pilger

Guilherme Reis de Melo

Desde cedo, minha vida foi marcada por movimento. Nasci em Florianópolis/SC, mas foi em Itapema/SC, entre verões na casa de veraneio, amigos na rua e o cheiro de mar misturado ao barulho das bicicletas, que minha história começou, de fato, a ser desenhada.

Minha família sempre foi meu alicerce. Meu pai, advogado e servidor do INSS; minha mãe, servidora pública por mais de três décadas; e meu irmão, que seguiu os passos do nosso pai na advocacia. Cada um deles, à sua maneira, sempre me ensinou que esforço, ética e conexão humana eram os pilares para se construir qualquer coisa sólida na vida.

guimelo8
+55 (47) 99919-4336
assessoriaguimelo@gmail.com

11 COMO TRANSFORMAR O ENGAJAMENTO EM VENDA

Por Guilherme Reis de Melo

Desde criança, tive uma vida confortável. Meus pais sempre trabalharam muito e nunca faltou nada para nós. Nossa família tinha uma casa de veraneio em Itapema/SC, onde passávamos quase todos os fins de semana e as férias de verão. Essa casa tinha espaço, piscina, cachorro, bicicleta e muitos amigos na rua para brincar, um contraste enorme com a rotina de um apartamento no centro da capital.

Com o tempo, meus pais perceberam que Itapema seria um lugar mais apropriado para criarmos raízes, termos mais qualidade de vida e um futuro mais promissor. Em 2005, mudamos definitivamente para cá.

Desde cedo, desenvolvi um olhar atento para o mercado imobiliário. Minha trajetória começou de forma inusitada: aos nove anos, passei em frente a uma imobiliária e vi uma placa de um apartamento à venda. Sem hesitar, liguei para minha tia, Sirlane Melo, indicando o imóvel. Foi assim que fiz minha pri-meira venda e ganhei um carrinho com controle remoto como comissão.

Eu não sabia exatamente o que era ser corretor, mas já intuía o que era enxergar oportunidades e fazer conexões. Aquela pequena atitude, feita com ingenuidade e entusiasmo, me mostrou que indicar algo com verdade e intuição pode gerar transformação real na vida de alguém. Foi também ali que entendi, ainda sem saber, o poder da influência positiva.

Minha abordagem vai além da simples intermediação de imóveis. Acredito que o mercado de luxo exige uma conexão genuína com o estilo de vida dos clientes e, por isso, invisto em experiências exclusivas, eventos estratégicos e *networking* qualificado. No segmento em que atuo, vender um imóvel não é apenas uma transação comercial, mas um processo que envolve desejo, *status,* identificação com a marca e a experiência que cada propriedade representa.

Foi com essa mentalidade que construí minha carreira e continuo expandindo meus negócios. Meu objetivo não é apenas vender, mas mudar a forma como o mercado imobiliário de luxo é percebido e vivenciado.

Desde cedo tive muita facilidade para criar conexão com pessoas. Essa habilidade natural teve uma sinergia muito grande com a revolução das redes sociais: rapidamente conquistei uma grande quantidade de seguidores no Instagram, o que fez eu me tornar *influencer* aos 17 anos, em meados de 2016. Pode-se dizer que fiz parte da primeira geração de *influencers*, pois, na época, eu tinha 5 mil seguidores e isso já era considerado uma grande quantidade, enquanto o Instagram ainda estava em processo de popularização.

Durante esses anos me formei em *Marketing* e mais tarde utilizei essa *expertise* para criar um posicionamento diferenciado no mercado de alto padrão, combinando estratégias de relacionamento, exclusividade e experiências únicas para meus clientes.

O engajamento em minha rede social era extremamente alto, e as propagandas feitas para as empresas locais, principalmente restaurantes, traziam resultados expressivos. Chegou a acontecer de, após minhas "publis", alguns restaurantes se verem obrigados a rejeitar pedidos novos, porque os insumos do dia estavam acabando diante de tantos pedidos de *delivery*. Dessa forma, me tornei referência como *influencer*, principalmente no ramo de alimentos.

Com a pandemia em 2020, as redes sociais ganharam muita importância, passando de um simples entretenimento para uma ferramenta de trabalho indispensável. Assim como minha popularidade, o valor de meus serviços aumentou, e, também, o número de meus seguidores no Instagram, atingindo a marca de aproximadamente 60 mil pessoas. Nessa época, decidi aproveitar minha popularidade para criar um produto próprio, que foi uma marca de calçados femininos, uma vez que meu engajamento com o público feminino sempre foi mais expressivo. A marca GN Gold foi criada em parceria com uma amiga e fez muito sucesso nas *lives* características da pandemia, atingindo altos faturamentos; porém, as dificuldades de manter um produto físico fez com que os produtos da GN Gold fossem descontinuados em meados de 2021.

Eu já era inscrito no CRECI desde 2017, porém só comecei a atuar na área após abril de 2021, logo após o fim da GN Gold. Em 2021, tive a oportunidade de abrir uma imobiliária com uma prima, Raphaella Graf, que me deu total apoio para atendimento de meus clientes. Quando abrimos a imobiliária GR Negócios Imobiliários, tivemos sucesso no primeiro mês, fazendo a venda de um apartamento de alto padrão para uma amiga de infância, Vitória Pivetta, filha do vice-governador de Mato Grosso, Otaviano Pivetta. Naquele momento, percebi o alto retorno financeiro e minha capacidade de utilizar meus dons naturais, como influenciador, para vender produtos com muito mais valor, chegando à conclusão de que o ramo imobiliário seria perfeito para seguir carreira.

Meu ponto forte sempre foi a capacidade de conexão emocional com os clientes, priorizando o relacionamento sobre a venda do produto. Tenho muita empatia e, dessa forma, consigo perceber pelas reações das pessoas sobre o que gostam de falar, o que as agrada ou o que faz com que elas se sintam desconfortáveis. Esse tipo de sensibilidade faz toda a diferença no momento de fechar uma venda, pois falar sobre dinheiro, forma de pagamento e contratos é muito delicado na maioria das ocasiões.

Em certa ocasião, houve uma mudança na minha carreira e um retorno financeiro considerável. Precisei da ajuda de minha família para entender de que forma eu poderia investir aquele dinheiro para ter um retorno maior. Em um jantar com meu irmão e minha mãe em um restaurante na Barra Sul, em Balneário Camboriú, perguntei a eles no que eu deveria investir os frutos dessa nova renda. Eles me responderam: "Você é um prodígio, invista em você!". Nesse momento, consegui me conscientizar de algo que, de certa forma, já fazia inconscientemente: usar roupas de grife, viajar, estar na companhia de pessoas bem relacionadas eram atitudes que me tornavam uma pessoa mais notória e o que evidenciava minha credibilidade como corretor. Como minha fonte de renda tinha como base minha própria imagem, o investimento nesse aspecto deveria ser minha prioridade, e assim foi e é até hoje.

Mesmo muito jovens, eu e minha prima nos destacamos muito nesses primeiros anos de trabalho, vendendo em torno de 25 apartamentos nos anos de 2021 e 2022. No fim de 2022, nossa sociedade terminou, pois cada um queria seguir seu próprio caminho. Com a dissolução da sociedade, a empresa GR Negócios Imobiliários se tornou a Gui Melo Imóveis.

A Gui Melo Imóveis começou com uma venda inusitada no início de 2023. Após desenvolver uma relação de amizade com Manoella Diniz, sobrinha de Abilio Diniz, ela demonstrou interesse na compra de um apartamento no Yachthouse, um empreendimento de luxo localizado na Barra Sul de Balneário Camboriú com *design* da Pininfarina, o qual foi implementado com a ajuda dos corretores Flávio Mendonça e Gustavo Mendonça. O empreendimento ficou notório por ter condôminos famosos como Neymar Jr., Luan Santana e Alexandre Pires.

O empreendimento é conhecido por ser o arranha-céu mais alto do Brasil e por suas instalações exclusivas e estilo de vida sofisticado. A Manoella Diniz quis comprar o apartamento comigo por conta de minha credibilidade como corretor e pela relação de amizade que cultivávamos, além de eu ser extremamente especializado naquele tipo de produto de luxo.

Durante o desenrolar das negociações, ela informou que uma amiga também gostaria de comprar um apartamento no empreendimento em um andar próximo. O resultado da situação? No primeiro mês do ano de 2023 e como primeira venda da imobiliária, que passou a ser só minha, vendi dois apartamentos no Yachthouse para as duas amigas, sendo que os contratos foram assinados com um dia de diferença. Se antes existia alguma dúvida de que eu deveria seguir esse caminho, essa dúvida desapareceu por completo, deixando um caminho repleto de oportunidade à minha frente.

Depois desses acontecimentos, me tornei especialista no empreendimento, vendendo mais quatro apartamentos no edifício e virando corretor referência para imóveis de luxo na região de Balneário Camboriú, Itapema e Porto Belo.

Não existe maneira de receber atenção sem também dar atenção. Nas redes sociais, por exemplo, é muito comum as pessoas terem uma grande quantidade de seguidores e não terem engajamento. Porém, o que essas pessoas devem pensar é se elas estão engajando com seus seguidores, se curtem os *posts* de outras pessoas, se respondem a todas as mensagens sem distinção e comentam nas postagens de seus seguidores. A reciprocidade é requisito para ter engajamento, tanto nas redes sociais quanto no dia a dia.

Sou grato a todos que estiveram ao meu lado nessa trajetória, mas especialmente aos irmãos Flávio Mendonça e Gustavo Mendonça, que me deram a oportunidade de compartilhar a minha história. O trabalho e o exemplo de vocês são fontes constantes de inspiração, não só para mim, mas para uma nova geração de corretores que entende que ética, relacionamento e autenticidade são os maiores diferenciais que alguém pode ter.

Mais do que corretor, me vejo como alguém que ajuda pessoas a construírem capítulos especiais da própria história. Vender imóveis de luxo, para mim, é sobre encontrar espaços que representem quem elas são. E acredito que o futuro da corretagem está em unir sensibilidade, presença digital, repertório e atitude. É isso que busco entregar em cada novo capítulo da minha jornada.

"Nossa aparência, nosso comportamento e a maneira como tratamos as pessoas são reflexos diretos da disciplina e da ética que temos dentro de nós."

Guilherme Reis de Melo

Guilherme Wohlke

Sou sócio e fundador da Behard Educação e da Citalli Curadoria Imobiliária. Atuo como empresário, educador imobiliário, palestrante internacional e corretor de imóveis de luxo na região de Balneário Camboriú/SC.

Tenho vinte anos de experiência em vendas, sendo onze deles dedicados ao mercado imobiliário, em que já atuei como corretor, gestor, diretor comercial e sócio de imobiliária.

Liderei uma equipe que superou R$ 2 bilhões em vendas e tive a honra de ser reconhecido como uma das pessoas mais influentes do setor no Brasil, além de ser citado entre os principais corretores da Região Sul. Especialista em vendas e gestão de pessoas, também promovo eventos e sou referência no desenvolvimento de profissionais e empresas do mercado imobiliário, sendo eleito o segundo maior educador do setor.

guiwohlke

+55 (47) 99193-8864

behard.com.br

guilherme@behard.com.br

MANUAL DO CORRETOR DE LUXO

12 OS SEGREDOS DO SUCESSO NO MERCADO DE LUXO

Por Guilherme Wohlke

Mais do que um mercado, uma mentalidade

O mercado de luxo não se define apenas pelos imóveis que custam milhões, mas pela forma como esses imóveis são compreendidos, apresentados e experienciados. Não se trata de vender propriedades de alto valor, mas de se posicionar em um ecossistema em que percepção, elegância e inteligência emocional moldam cada movimento.

Quem atua nesse segmento precisa compreender que luxo não se negocia por metro quadrado, e sim por significado. Cada detalhe conta: desde a maneira como o corretor se apresenta, até como ele conduz o silêncio durante uma visita. Há um jogo invisível em curso, somente quem desenvolve a sensibilidade necessária para jogar com presença, elegância e domínio se sustenta nesse mercado.s

Mais do que técnica, esse mercado exige sofisticação mental. Requer escuta refinada, sensibilidade estética, domínio do tempo e uma postura que equilibra autoridade e discrição. Aqui, quem fala demais ou "força" demais perde poder.

Este capítulo não é sobre fórmulas mágicas: é sobre princípios sólidos. É um convite para uma nova forma de atuar: menos sobre vender, mais sobre tornar-se alguém que gera confiança em cada gesto. Porque, no mercado de luxo, quem ainda busca atalhos está no caminho errado – e quem compreende o jogo invisível se torna inesquecível.

O que é luxo, afinal?

Luxo vem do latim *luxus*, que carregava a ideia de excesso, abundância e aquilo que escapa da norma. Há também uma conexão simbólica com *lux*, que significa "luz" – aquilo que brilha, que se destaca, que é visto com reverência. Essa origem linguística revela muito: luxo sempre foi aquilo que foge do comum e ilumina pela singularidade.

Na Antiguidade, luxo era sinônimo de ostentação, poder e privilégio. Era o que separava classes e anunciava *status*. Durante séculos, a ideia de luxo esteve associada à exuberância visual: palácios, roupas exuberantes, acúmulo e exagero.

Com o avanço da era digital, o luxo foi amplificado pelas vitrines das redes sociais. Tornou-se *performance*, autopromoção, validação pública, mas isso gerou saturação. E, como toda saturação, trouxe uma resposta.

Surge então a tendência do *quiet luxury* — ou "luxo silencioso". Sem logotipos. Sem alarde. Um luxo feito de materiais nobres, *design* atemporal e presença sutil. O verdadeiro luxo não precisa ser "gritado" — ele é percebido. É o que permanece quando se elimina o ruído.

Platão já dizia que o belo é aquilo que eleva a alma. E o luxo, em sua essência mais refinada, está profundamente ligado ao belo — não à ostentação. Luxo é estética que emociona, é simplicidade com alma, é sofisticação que não precisa se explicar. Ele não se impõe. Ele se revela para quem tem olhos treinados.

A tríade do luxo: o que é atemporal

Em um cenário em constante evolução estética, tecnológica e cultural, certos fundamentos seguem inabaláveis. São os pilares que sustentam a experiência de luxo independentemente da época ou do meio. Eles formam a tríade do luxo — três princípios que não mudam, apenas se refinam com o tempo.

Sofisticação

Sofisticação é a assinatura silenciosa da excelência. Vai além do belo: é a harmonia entre estética, simplicidade e intencionalidade. Uma pessoa sofisticada sabe que o excesso enfraquece o discurso. Ela entrega beleza com propósito, comunica com elegância e se expressa com economia de palavras e gestos.

No mercado de alto padrão, a sofisticação se revela na curadoria precisa, na linguagem que eleva, na postura que transmite segurança sem arrogância. Quando se entra em uma boutique da Chanel, por exemplo, não há poluição visual, nem excesso de estímulos — tudo convida ao silêncio contemplativo e ao desejo sutil. Isso é sofisticação.

Exclusividade

Exclusividade é a arte de fazer o outro se sentir único. Não se trata apenas de oferecer algo raro, mas de criar uma experiência que parece ter sido desenhada sob medida.

O relacionamento com o cliente de luxo exige presença integral, personalização extrema e a sensibilidade de entender o que nem sempre é dito. Em casas como a Hermès, onde a espera por um produto faz parte da experiência, o cliente não sente escassez — sente privilégio.

Atender com exclusividade é tratar cada cliente não como um *lead* a converter, mas como um capítulo único de uma história que merece ser contada com tempo, atenção e respeito.

Significado

O luxo não sobrevive ao vazio. Ele precisa carregar história, identidade, alma. Um produto só se torna verdadeiramente luxuoso quando representa algo maior do que sua função.

É por isso que um Rolex, por exemplo, transcende a mecânica de um relógio. Ele simboliza conquistas, rituais de passagem, reconhecimento.

No mercado imobiliário, esse princípio se aplica quando o corretor entende que está vendendo mais do que metros quadrados: está entregando pertencimento, estilo de vida e memória futura.

Os cinco segredos do sucesso

O sucesso no mercado de luxo é uma construção intencional, fundamentada em pilares que sustentam, direcionam e diferenciam os profissionais que realmente se tornam referência. Diferentemente de outros segmentos, aqui o volume não compensa falhas — cada gesto comunica, cada detalhe posiciona.

Ser um corretor de luxo é liderar decisões complexas com clareza, sensibilidade e estrutura interna. É exatamente essa estrutura que dá origem aos pilares que sustentam o verdadeiro sucesso nesse mercado.

Autogestão

Antes de liderar qualquer negociação, é preciso liderar a si mesmo. Um corretor desorganizado, reativo ou emocionalmente instável perde autoridade — mesmo que tenha boa intenção.

Autogestão é presença contínua, foco disciplinado e energia bem dirigida. É o que permite manter consistência diante do caos e continuar transmitindo confiança mesmo quando tudo ao redor exige firmeza.

Ações práticas:

- tenha uma agenda estratégica, com blocos de tempo focados;
- use rituais diários para alinhar seu equilíbrio físico e mental;
- cuide da sua estética pessoal: roupa, aparência, postura;
- treine a gestão emocional no dia a dia, colocando-se intencionalmente em desafios que exijam autocontrole.

Estratégia

O corretor estratégico enxerga além. Ele antecipa necessidades, propõe soluções e posiciona ideias com elegância.

Ter estratégia é conectar variáveis, interpretar sinais e agir com precisão. É enxergar o imóvel, o cliente e o contexto como peças de um xadrez de alto nível. No mercado de luxo, em que o cliente compra com razão e emoção, prever o movimento certo vale mais do que reagir com pressa.

Ações práticas:

- analise tendências de mercado e comportamento de consumo de alto padrão;
- construa repertório fora do setor: arte, moda, arquitetura, cultura;
- identifique padrões emocionais em suas negociações passadas;
- desenvolva mapas mentais para traçar estratégias por perfil de cliente.

Método

Improviso gera esforço. Método gera resultado.

No luxo, o processo precisa ser fluido, mas nunca aleatório. O cliente não aceita tentativas – ele espera precisão, domínio e clareza. Ter método é garantir que cada fase da experiência entregue valor, confiança e previsibilidade. É profissionalismo elevado à categoria de arte.

Ações práticas:

- estruture um funil completo de atendimento: captação, qualificação, condução e fechamento;
- use ferramentas digitais para organizar *pipelines* e lembretes;
- tenha materiais personalizados e roteiros ajustáveis;
- desenvolva rituais de pós-venda que encantem, como um presente ou uma experiência pensada exclusivamente para o cliente.

Intencionalidade

Enquanto a estratégia aponta o caminho, a intencionalidade garante que sua presença nesse caminho seja consciente, elegante e relevante. No mercado de luxo, isso significa parar de depender do acaso e começar a agir com direção.

Trata-se de presença qualificada: saber onde estar, como se comportar e com quem se conectar. Ser intencional é criar oportunidades com propósito – não apenas para vender, mas para se tornar memorável.

Relacionamento no alto padrão exige atenção deliberada, ambientes certos, pessoas certas e ações que cultivem confiança e reputação.

Ações práticas:

- selecione eventos, espaços sociais e círculos onde possa encontrar clientes ou formadores de opinião – e vá com um propósito claro;
- agende cafés ou encontros com pessoas estratégicas: não espere acontecer, provoque conexões;
- desenvolva pequenas rotinas de manutenção de relacionamento com seus clientes (mensagens, convites para confraternizações, lembranças personalizadas);
- crie rituais ou experiências próprias para gerar encantamento e recomendações espontâneas.

Posicionamento

No mercado de luxo, você não é apenas o que faz – é o que representa. Posicionamento é a síntese da forma como o mercado percebe você, a partir da sua imagem, linguagem, postura e consistência.

Não se trata de autopromoção, mas de coerência. Cada detalhe da sua comunicação – verbal, visual ou comportamental – precisa estar alinhado com o lugar que você quer ocupar na mente e no coração do cliente. Um posicionamento sólido atrai, filtra e fideliza – mesmo quando você está em silêncio.

Ações práticas:

- defina com clareza o nicho e o perfil de cliente com quem deseja ser reconhecido;
- alinhe sua comunicação visual, verbal e digital com sua proposta de valor;
- cultive presença de marca em canais estratégicos, com consistência e bom gosto;
- seja seletivo nas suas interações: cada gesto ou palavra reforça – ou destrói – sua autoridade.

O luxo como expressão de quem você se torna

No fim das contas, o luxo não é sobre o que você vende – é sobre o que você representa.

A tríade do luxo e os cinco pilares do sucesso não são apenas estratégias de mercado. São princípios de vida.

São um convite para viver com mais sofisticação, exclusividade e significado.

Porque, quando você incorpora esses valores – na fala, na postura, no serviço –, o mercado percebe. E o cliente certo reconhece.

A pergunta que fica é: você está se tornando a referência que esse mercado exige?

"Luxo é uma percepção de valor individual diante de uma experiência coletiva. Quem domina o invisível se torna indispensável."

Guilherme Wohlke

Gustavo Mendonça

Sou Gustavo Mendonça, corretor de imóveis de alto padrão com atuação nos mercados dos Estados Unidos e do Brasil. Minha trajetória começou no mundo da moda e da televisão, no qual aprendi o valor da imagem, da presença e do relacionamento — elementos que hoje levo comigo em cada negociação.

Há mais de uma década, mergulhei no universo imobiliário com foco em imóveis de luxo, ajudando clientes exigentes a encontrarem muito mais do que casas: verdadeiros investimentos de vida.

Para mim, ser corretor não é apenas vender propriedades — é entender sonhos, visões de futuro e estilos de vida. Cada cliente é único, e cada imóvel, uma história esperando para ser escrita.

gustavoazmendonca

MANUAL DO CORRETOR DE LUXO

13 A IMPORTÂNCIA DO PÓS-VENDA NO MERCADO *PREMIUM*

Por Gustavo Mendonça

O mercado imobiliário *premium*, composto por imóveis de alto padrão, demanda um nível de excelência que vai muito além da qualidade da construção ou da localização privilegiada. Clientes desse segmento buscam não apenas um produto diferenciado, mas uma experiência de compra completa, marcada pela exclusividade, confiança e atenção aos detalhes. Nesse contexto, o pós-venda se revela um dos pilares mais estratégicos para o sucesso de incorporadoras, construtoras e imobiliárias que atuam no segmento de luxo.

Diferentemente de outros mercados, nos quais o pós-venda muitas vezes é visto como um serviço de suporte técnico ou uma simples formalidade, no mercado de imóveis de alto padrão ele se transforma em uma ferramenta de relacionamento, fidelização e *branding*. Mais do que resolver problemas, o pós-venda premium cria vínculos duradouros com clientes exigentes, que valorizam atendimento personalizado, prontidão na solução de demandas e experiências memoráveis.

O perfil do cliente *premium*

Para compreender a importância do pós-venda nesse mercado, é fundamental entender o perfil do cliente que adquire imóveis de luxo. Em geral, trata-se de um público altamente exigente, com alto poder aquisitivo, acostumado a produtos e serviços sofisticados, e que valoriza discrição, confiança e exclusividade. Esses clientes esperam um atendimento consultivo, proativo e personalizado – não apenas durante o processo de compra, mas principalmente após a entrega do imóvel.

A decisão de compra no mercado *premium* é influenciada não apenas por aspectos racionais (como localização, metragem, valorização), mas também por fatores emocionais e simbólicos. O imóvel, muitas vezes, representa *status*, segurança, realização pessoal ou familiar. Por isso, o atendimento no pós-venda precisa manter esse nível de atenção e cuidado, reafirmando a escolha feita e fortalecendo a imagem da marca.

O papel estratégico do pós-venda

No mercado *premium*, o pós-venda não é apenas uma extensão da venda, mas uma etapa fundamental da jornada do cliente. Um bom serviço de pós-venda pode:

1. evitar conflitos e insatisfações: clientes de imóveis de alto padrão não toleram promessas não cumpridas ou demora na resolução de problemas, então um acompanhamento eficiente reduz atritos e melhora a percepção de valor;
2. fidelizar clientes e gerar indicações: a satisfação no pós-venda aumenta significativamente a chance de recompra e de indicações, que são essenciais nesse mercado no qual a reputação tem grande peso;
3. fortalecer a marca: um atendimento de excelência no pós-venda contribui para o posicionamento da empresa como referência em qualidade e compromisso com o cliente;
4. gerar inteligência de mercado: o contato com o cliente após a entrega do imóvel permite identificar pontos de melhoria, novas demandas e oportunidades de inovação.

Elementos-chave de um pós-venda de excelência

Um pós-venda de alto nível deve estar estruturado em alguns pilares fundamentais.

<u>1. Atendimento personalizado</u>

O cliente premium quer se sentir único. Por isso, o atendimento precisa ser adaptado às preferências e necessidades individuais de cada comprador. Ter um consultor exclusivo, manter canais de comunicação abertos e utilizar a tecnologia para oferecer um serviço proativo são práticas essenciais.

<u>2. Agilidade e eficiência</u>

Problemas com acabamento, documentação, garantias ou funcionamento de sistemas precisam ser resolvidos com agilidade. O cliente de alto padrão não aceita burocracia nem desculpas — quer soluções rápidas e eficazes, com acompanhamento constante.

<u>3. Comunicação transparente</u>

Manter o cliente informado sobre prazos, processos e ações é essencial para construir confiança. A transparência evita mal-entendidos e mostra que a empresa está comprometida com a entrega da melhor experiência possível.

4. Suporte técnico especializado

A entrega de um imóvel premium envolve diversos sistemas e acabamentos sofisticados. O pós-venda precisa contar com profissionais qualificados para orientar o cliente quanto ao uso e manutenção do imóvel, além de garantir reparos rápidos e bem executados.

5. Encantamento e relacionamento

Mais do que resolver problemas, o pós-venda deve encantar. Isso pode incluir ações como visitas técnicas personalizadas, brindes de boas-vindas, serviços de *concierge*, visitas de cortesia após a mudança, entre outros. Pequenos gestos podem gerar grandes impactos na percepção do cliente.

Desafios do pós-venda no mercado de luxo

Embora essencial, o pós-venda no mercado *premium* enfrenta alguns desafios que precisam ser superados.

- Alta expectativa do cliente: o nível de exigência é elevado, e qualquer falha pode comprometer a confiança construída durante a venda.
- Complexidade técnica dos empreendimentos: imóveis de alto padrão contam com tecnologia avançada, acabamentos exclusivos e *layouts* personalizados, o que exige mão de obra especializada para suporte e manutenção.
- Custo da excelência: manter um pós-venda de alto nível envolve investimento em equipe, tecnologia e processos. É preciso equilibrar qualidade com viabilidade financeira.
- Gestão de reputação: reclamações mal-resolvidas podem gerar repercussões negativas em redes sociais, grupos de investidores e associações de moradores, afetando a imagem da marca.

Boas práticas e exemplos de sucesso

Empresas que se destacam no mercado premium costumam adotar práticas como:

- criação de um setor de Customer Experience (Experiência do Cliente) exclusivo para o relacionamento pós-venda;
- adoção de plataformas digitais para acompanhamento de chamados, agendamentos de serviços e feedbacks dos clientes;
- realização de eventos para proprietários, fortalecendo o vínculo entre cliente e marca;

- disponibilização de manuais interativos e vídeos explicativos para o uso de equipamentos e sistemas do imóvel;
- envio de pesquisas de satisfação periódicas para monitorar a experiência do cliente e identificar oportunidades de melhoria.

Um exemplo prático pode ser o de uma incorporadora que oferece um aplicativo personalizado no qual o cliente pode solicitar reparos, acessar o manual do proprietário, agendar visitas técnicas, conversar com a equipe de atendimento e até contratar serviços de manutenção ou decoração. Essa abordagem digital, aliada ao contato humano, gera um sentimento de pertencimento e cuidado constante.

Impacto no ciclo de vida do cliente

O pós-venda eficiente transforma um comprador em um embaixador da marca. Um cliente satisfeito não apenas retorna em futuras aquisições, como também recomenda a empresa para amigos, familiares e parceiros de negócios. No mercado *premium*, no qual o boca a boca tem grande peso, esse ciclo de recompra e indicação é extremamente valioso.

Além disso, o bom pós-venda pode ser um diferencial competitivo em um mercado com produtos similares. Diante de duas opções de imóveis semelhantes, o cliente tende a escolher aquela que oferece a melhor experiência – e isso inclui o suporte pós-compra

A importância do pós-venda no mercado *premium* de imóveis é inegável. Ele não é apenas um suporte técnico, mas uma estratégia de valorização da marca, fidelização de clientes e diferenciação no mercado. Ao investir em um serviço de excelência após a entrega do imóvel, as empresas não apenas garantem a satisfação de seus clientes, como também constroem reputações sólidas e duradouras.

Com o avanço das tecnologias e o crescimento da concorrência, o pós-venda tende a se tornar cada vez mais personalizado, digital e proativo. Aqueles que souberem entender as demandas do público de alto padrão e oferecer um atendimento que vá além das expectativas certamente conquistarão uma posição de destaque nesse mercado seleto e promissor.

Os dez mandamentos do pós-venda no mercado *premium*

Criei os dez mandamentos de pós-venda para o mercado *premium*:

1. <u>Honrarás cada cliente além da assinatura</u>.

O contrato pode acabar, mas o relacionamento precisa continuar. Fidelização nasce no pós-venda.

2. Serás presente, mesmo sem ser chamado.

No alto padrão, proatividade é respeito. Antecipe necessidades, ofereça soluções.

3. Não esquecerás quem te confiou milhões.

No luxo, memória vale ouro. Trate cada cliente como único, sempre.

4. Agradecerás com atitudes, não com palavras vazias.

Exclusividade se demonstra em ações – seja com gestos, acessos ou privilégios.

5. Resolverás problemas como se fossem teus.

Agilidade e responsabilidade definem quem é *premium*. Reclamações não são obstáculos: são oportunidades.

6. Cultivarás relacionamentos, não apenas transações.

No pós-venda, mora o *networking* mais poderoso. Construa pontes, não apenas contratos.

7. Atualizarás o cliente, mesmo sem retorno.

Comunicação constante é sinal de compromisso. Não espere ser lembrado – marque presença.

8. Celebrarás conquistas com o cliente.

Uma nova casa, uma nova fase. Comemore com quem escolheu você para viver esse marco.

9. Serás referência, mesmo quando não estiver vendendo.

Torne-se indispensável. Que lembrem de você para negócios, indicações e conselhos.

10. Farás do pós-venda tua maior propaganda.

Clientes bem atendidos se tornam multiplicadores. No mercado de alto padrão, reputação é tudo.

“No mercado de alto padrão, confiança vale mais do que metro quadrado. Lembre-se sempre disso.”

Gustavo Mendonça

Julio Cesar Torres

Gaúcho, moro em Santa Catarina, pai da Lara, amor da minha vida. Formado em Economia, pós-graduado em Administração, *Marketing* e MBA em Gestão Comercial pela FGV, atuo no mercado imobiliário desde 2007.

Iniciei minha carreira como corretor em uma grande imobiliária e evoluí para funções de gestão, sendo três anos consecutivos gerente campeão de vendas e acumulando inúmeros prêmios. Já ocupei cargos de diretoria em renomadas construtoras no Brasil. Participei de um projeto de dez anos na construção de uma incorporadora boutique de luxo, reconhecida nacionalmente.

Atuei ativamente em mais de cinquenta projetos e em mais de 3 mil unidades comercializadas. Minha missão é desenvolver pessoas, ser um estrategista em luxo e especialista em *branding*, impactando vidas e transformando sonhos em realidade.

juliotorres____

Julio Cesar Torres

14 DOS PRIMEIROS PASSOS AO LUXO NO MERCADO IMOBILIÁRIO

Por Julio Cesar Torres

Dos primeiros passos ao sucesso

Minha trajetória no mercado imobiliário começou em 2007, quando entrei no setor trabalhando em uma imobiliária em Joinville/SC. Cresci em São Francisco do Sul, uma pequena ilha no norte de Santa Catarina. Lá, as oportunidades escassas e os desafios pessoais, como a perda precoce de meu pai e as dificuldades financeiras, impulsionaram-me a buscar um futuro melhor. Naquela época, atuava com imóveis de diversas faixas de preço, e logo percebi uma diferença crucial: enquanto os clientes de imóveis de menor valor focavam nas possibilidades de financiamento, os compradores de alto valor tinham critérios refinados e valorizavam o bom gosto.

Apesar das adversidades, das longas jornadas de trabalho e dificuldades para acessar informações de qualidade, minha determinação me levou, ainda cedo, a assumir funções de gestão. Essa experiência despertou em mim o desejo de aprender continuamente, buscar formação e, principalmente, construir relacionamentos estratégicos. Foi nesse contexto que dei o primeiro passo rumo ao mercado de luxo em 2014.

A decisão: transição para o mercado de luxo

A especialização no mercado de luxo surgiu de forma natural, motivada pela sede de conhecimento e pelo desejo de superar desafios. Nos primeiros anos, enfrentei a escassez de bibliografias e referências sobre imóveis de alto padrão, uma lacuna que precisei preencher com visitas a grandes imobiliárias e construtoras de São Paulo e outros grandes centros, mentorias, cursos e viagens internacionais.

Um dos marcos importantes foi o projeto decisivo de sair da zona de conforto para explorar um "oceano azul" em minha região. Essa postura permitiu que eu me destacasse, me posicionasse e conquistasse reconhecimento, além de gerar ganhos significativos. Participar de um projeto embrionário para a construção de uma incorporadora boutique foi fundamental para esse salto. Trabalhar com arquitetos e consultores renomados e participar de eventos de luxo ampliou minha visão do mercado, permitindo uma compreensão mais ampla do setor. Foram dez anos de construção, trabalho árduo e aprendizado.

Minha audácia de focar nesses segmentos também foi impulsionada pela minha experiência em diversas áreas, como vendedor de picolé, representante comercial, bancário, empreendedor, professor ou desenvolvendo atividades em trabalhos sociais. Enfrentar momentos difíceis, inclusive quando estive à beira de desistir após perdas pessoais, ensinou-me a valorizar a resiliência e a importância de buscar novos aprendizados, seja por meio de MBA ou dos conselhos de mentores. Cada mentor, com suas particularidades, contribuiu em diferentes momentos, reforçando que nunca há vergonha em pedir ajuda ou aprender com os outros.

Passos práticos para ingressar e se manter no mercado de luxo

Para aqueles que desejam trilhar esse caminho, é fundamental adotar uma abordagem estratégica e prática. A ordem depende de cada pessoa e situação, mas estes são, a meu ver, os principais passos a serem observados para quem pretende adentrar nesse mercado.

<u>Defina seu nicho com precisão</u>

Escolha o segmento certo e concentre-se em áreas específicas, como:

· mansões em condomínios fechados;

· imóveis de luxo na planta;

· apartamentos prontos de alto padrão;

· propriedades internacionais (Miami, Lisboa, Paris);

· móveis de luxo na praia ou no campo.

Tornar-se referência no nicho escolhido atrai clientes que buscam competência e exclusividade.

<u>Construa um *networking* de alto nível</u>

Conecte-se com arquitetos, *designers*, investidores, empresários e proprietários de construtoras boutique. Participe de feiras, lançamentos e exposições de arte, cultivando relações com diversas culturas e valorizando a troca de experiências.

Invista em sua presença digital e *branding* pessoal

Seja verdadeiro, não existe espaço para aparência. Se você disser que já fez tal coisa, tem que ter realmente feito; se falar de um empreendimento, certifique-se de realmente estar dizendo a verdade. Garanta que sua comunicação seja clara e autêntica, fazendo com que o digital reflita fielmente quem você é.

Torne-se um estrategista de dados

Utilize sistemas de CRM para registrar dados detalhados sobre seus clientes, desde suas preferências até o histórico de negociações. Acompanhe indicadores como volume de vendas, tempo médio de fechamento e taxas de conversão para ajustar suas estratégias.

Tenha uma visão de longo prazo

O luxo não está na pressa, mas na construção cuidadosa de seu valor. Cada atendimento, cada cliente satisfeito e cada negociação bem realizada se transforma em um ativo de adição. Minha jornada no mercado de luxo não foi linear; precisei me reinventar, compreender a psicologia do cliente de alto padrão e aprender a importância dos detalhes. Com o tempo, entendi que o verdadeiro luxo está além de um serviço impecável: trata-se de entregar valor antes mesmo de a venda acontecer.

A importância das construtoras boutique (parcerias)

As construtoras boutique são fundamentais para o mercado de luxo, pois não apenas desenvolvem empreendimentos sofisticados como, também, definem tendências em inovação, tecnologia e exclusividade. Trabalhar com essas incorporadoras me ajudou a acompanhar o processo completo de construção de empreendimentos de alto padrão, desde a fase embrionária até a entrega final. Essa experiência proporcionou acesso a lançamentos exclusivos e colaborou para minha consolidação no mercado.

Grandes marcas de luxo e o que aprender com elas

As grandes marcas de luxo, como Rolex, Ferrari, Hermès, Louis Vuitton, entre outras, ensinam que o sucesso está na combinação de exclusividade, experiência e narrativa envolvente. Apresente cada imóvel como uma obra-prima única, proporcione visitas que criem momentos memoráveis e envolva o cliente com a história do imóvel, destacando seu valor cultural e estético. Um cartão com uma mensagem escrita à mão pode ter mais impacto do que materiais genéricos, demonstrando cuidado e personalização.

Erros e aprendizados

Durante minha jornada, cometi erros, que, ao contrário do que acontece com muitas pessoas, não permiti que me derrubassem: transformei cada um em uma grande lição. No início, a ausência de um CRM adequado fazia com que eu perdesse oportunidades de fidelização. No começo, é natural que foquemos a comissão, o que o tempo me mostrou ser um erro em vez de atender às reais necessidades dos clientes, quase comprometendo negócios importantes. Além disso, a falta de *feedback* e uma prospecção não sistemática prejudicaram a confiança dos clientes. Investi em cursos, leituras e, principalmente, aprendi com os conselhos de mentores. Hoje, mantenho uma rotina disciplinada com agenda, CRM e processos claros, garantindo uma abordagem personalizada e profissional. Aprendi que o sucesso é soma de trabalho, esforço, estudo e estratégia. Mantenha sempre o "copo vazio" para absorver novos conhecimentos e construir confiança com honestidade e dedicação.

<u>Visão estratégica e *branding* pessoal (qualidades e *marketing*)</u>

Minha experiência com o passar do tempo me fez ver que, com uma boa estratégia e muita ação, o mercado de luxo é um oceano azul a ser explorado. Esteja disposto a mudar de cidade, estado ou país, adaptar-se a novas culturas e investir em relacionamentos genuínos. Seja sempre verdadeiro, entregue mais do que promete e mantenha a transparência com seus clientes. Utilize redes sociais, especialmente LinkedIn e Instagram, para mostrar seu estilo de vida, compartilhar dicas, casos de sucesso e fortalecer sua autoridade. Declare sua paixão pelo mercado, sua experiência em vendas de imóveis de luxo e seu compromisso com o desenvolvimento de talentos.

Mensuração de resultados

Medir seu desempenho é crucial para o aprimoramento contínuo. Estabeleça metas e objetivos claros e, caso não os alcance, faça novas abordagens, leia, viaje, tenha mentorias para ajustar o rumo. Acompanhe indicadores como volume de vendas, tempo médio de fechamento, taxas de conversão e satisfação dos clientes. Utilize dados do CRM para monitorar as visitas à central de vendas e identificar pontos de melhoria. Personalize suas comunicações para os segmentos de luxo, ajuste a abordagem e implemente automatizações que agilizem os processos. Esse planejamento estratégico, aliado à mensuração constante dos resultados, é fundamental para direcionar suas ações e alcançar o sucesso.

Conclusão: reflexões finais e mensagem aos corretores

O mercado imobiliário de luxo é único e pode transformar vidas, desde que você esteja disposto a percorrer essa trilha com paixão, dedicação e estratégia. Não existe o caminho certo ou errado; o que importa é focar no que você realmente deseja. Coloque energia, sabedoria e disciplina em cada ação. Se você conseguir entregar valor na concretização da venda, sua vida profissional também passará por uma transformação incrível.

Sou grato por todas as oportunidades e desafios que moldaram minha carreira. Meu maior mentor e inspiração foi meu pai, que, apesar de não ter conseguido realizar o sonho de fazer faculdade ou comprar um imóvel, dedicou sua vida à família e aos estudos, sustentando uma família de seis filhos com amor e disciplina. Essa trajetória me inspira a ajudar outras pessoas a conquistar um lar, a construir uma carreira digna e a transformar cada atendimento em uma renovação, no qual entrego mais que uma experiência, entrego toda a minha atenção. O mercado imobiliário de luxo é mais do que tijolo e cimento: é legado, sentimento e conexão.

Lembre-se: o corretor de imóveis de luxo não vende apenas propriedades; ele realiza sonhos, experiências e exclusividade. Se você deseja se posicionar no mercado de luxo, dedique-se 100% a esse propósito, crie um plano, trace uma rota e, se achar interessante, fique à vontade para usar minhas dicas, pois meu objetivo foi dividir com você minha paixão, disciplina e busca do sucesso que adquiri a cada passo que dei em minha carreira. Sigam-me nas redes, entrem em contato, pois minha jornada rumo ao sucesso e realização profissional está apenas começando.

"O luxo verdadeiro não está no que você vende, mas na experiência que entrega e no legado que constrói."

Julio Cesar Torres

Kadu Parga

Carlos Parga, conhecido como Kadu Parga, é estrategista imobiliário com atuação destacada nos segmentos residencial e comercial, com foco em imóveis de alto padrão. Profissional certificado em Commercial Real Estate, é membro da Miami Realtors Association e da National Association of Realtors (NAR).

Conquistou certificações em precificação estratégica (PSA), estratégias de negociação imobiliária (RENE), representação de vendedores (SRS), atendimento especializado a compradores (ABR), imóveis para lazer e segunda residência (RSPS), *marketing* digital imobiliário (e-PRO) e imóveis em situação especial, como leilões e *foreclosures* (SFR). Também tem formação em imóveis de luxo pelo Institute for Luxury Home Marketing (EUA). Sua abordagem une técnica e consciência, inspirando decisões com clareza, propósito e crescimento pessoal.

kaduparga

Kadu Parga

www.kaduparga.com

Kadu Parga

Kadu Parga

15 O VALOR REAL POR TRÁS DO PREÇO DOS IMÓVEIS DE LUXO

Por Kadu Parga

Imóveis de alto padrão não devem ser precificados com base apenas na estética, no luxo ou no ego. Antes de tudo, são ativos imobiliários – e, como todo ativo, precisam ser analisados com método, inteligência de mercado e critérios técnicos. O "luxo" é uma camada simbólica que agrega valor à experiência, mas não deve ser o alicerce da decisão. Um imóvel premium exige uma base analítica sólida, pois envolve volumes financeiros relevantes, prazos estratégicos e compradores exigentes. Para atuar nesse nicho, o corretor não pode apenas sugerir um valor – ele precisa fundamentar.

A análise de mercado para imóveis de alto padrão deve começar da mesma forma que qualquer outro ativo: com dados concretos, absorção de mercado, concorrência ativa, curva de valorização, tempo médio de venda e leitura do cenário atual. O que diferencia essa categoria é que, além dessa base técnica, entram camadas complementares: o valor simbólico do imóvel e o entendimento do momento ideal para inseri-lo no mercado, conectando os dados com a percepção emocional do comprador.

Muitos profissionais ainda acreditam que imóveis de luxo se vendem apenas com glamour ou diferenciais subjetivos. Outros tentam aplicar fórmulas genéricas a produtos únicos. O erro está em não entender que o luxo exige, sim, uma leitura emocional e simbólica – mas sustentada por dados concretos. Um imóvel pode ter vista privilegiada e acabamentos sofisticados, mas, se estiver fora da faixa de valorização praticável, torna-se um ativo estagnado. E um imóvel estagnado perde valor, autoridade e desejo.

No segmento *premium*, a localização continua sendo um fator decisivo – mas ela se amplia em significado. Não se trata apenas de estar bem-posicionado no mapa, mas de pertencer a um estilo de vida, a uma experiência, a um símbolo.

O comprador desse perfil busca mais do que uma vizinhança valorizada: ele busca identidade, privacidade, prestígio e conexão emocional com o espaço. Em muitos casos, até imóveis no mesmo edifício podem oferecer experiências distintas, dependendo do andar, da vista, da planta e da posição solar. Ainda assim, toda essa camada simbólica só faz sentido quando sustentada por dados comparativos reais, dentro do mesmo mercado ou zona de influência. A percepção agrega – mas o fundamento precisa permanecer técnico.

Além disso, é essencial entender o perfil psicológico do público comprador. No segmento de alto padrão, os clientes tomam decisões com base em múltiplos fatores: segurança jurídica, liquidez futura, privacidade, arquitetura, trajetória de vida e construção de legado. São empresários, investidores, famílias com visão multigeracional. O imóvel precisa dialogar com esse repertório. O corretor que atua nesse segmento deve conhecer os elementos que acionam o senso de valor desse público, bem como os detalhes que provocam rejeição. O luxo não está no excesso – está na coerência.

Outro ponto fundamental é compreender que o valor percebido nem sempre corresponde ao valor ofertado. O comprador premium compara imóveis, mas também compara experiências. Avalia se, com aquele valor, pode ter mais retorno – emocional, financeiro ou simbólico – em outro lugar. Por isso, a estratégia de precificação precisa ser comparativa, mas também competitiva. É onde entra o princípio da substituição: o imóvel precisa ser, naquele momento, a escolha mais interessante dentre todas as opções na mesma faixa de preço.

Certa vez, representei de forma exclusiva um imóvel que havia sido listado com um valor já estratégico, definido com base no cenário de mercado vigente à época. Após um período sem propostas que atendessem às expectativas do proprietário, reavaliamos a estratégia. O mercado havia se movimentado, e, com novos dados – como histórico de vendas recentes na microrregião, tempo médio de absorção, razão entre o valor de venda e o preço anunciado e a leitura do momento atual – identifiquei uma oportunidade de reposicionamento para cima, ainda dentro da faixa técnica viável. Sugeri o ajuste no valor pedido. A decisão, embora pouco intuitiva, foi fundamentada em análise. O proprietário hesitou, mas confiou no processo. No mesmo dia da nova publicação, recebemos uma proposta. Após negociação, fechamos exatamente no valor cheio da listagem original – aquele que, até então, parecia inalcançável. A estratégia havia considerado previamente uma margem de negociação, mas o reposicionamento gerou autoridade, valorização percebida e senso de urgência no comprador. O mesmo cliente que no início hesitou agora percebia valor real no imóvel e no momento de agir. O resultado entregou exatamente o que havia sido projetado: uma venda sólida, com validação técnica e emocional, baseada em leitura de cenário, percepção de mercado e precisão estratégica.

No segmento de alto padrão, o tempo não é apenas um marcador cronológico – ele se transforma em mensagem. Quanto mais tempo um imóvel permanece exposto, maior o risco de o mercado interpretá-lo como supervalorizado, mal posicionado ou desinteressante. A percepção de escassez se dissolve, e o ativo começa a perder força narrativa. Por isso, a precificação de entrada precisa ser pensada como uma estratégia completa, e não como um teste. Em mercados sofisticados, o imóvel que permanece tempo demais à vista perde exclusividade – e, com ela, autoridade.

Outro ponto crítico é a leitura do contexto macroeconômico. Juros, câmbio, políticas fiscais, entrada ou saída de capital estrangeiro, taxa de desemprego, crescimento econômico, migração de empresas ou famílias e até acontecimentos globais podem interferir diretamente na percepção de valor. Um imóvel pode ter a mesma estrutura física em dois momentos distintos, mas o cenário em torno dele muda tudo. Por isso, a análise de mercado deve ir além do imóvel em si: ela deve captar o comportamento do entorno, os vetores de crescimento e as forças externas que moldam o presente e o futuro daquela região.

É importante lembrar que, ao lidarmos com imóveis de alto padrão, existe uma tendência, por parte de profissionais e clientes, de romantizar esses ativos. Mas não podemos esquecer que, por trás de toda arquitetura inspiradora ou paisagem deslumbrante, existe um ativo financeiro que precisa ser precificado de forma justa, estratégica e responsável. A romantização do imóvel – seja pela sua história, pela fama do arquiteto ou pela afetividade do proprietário – pode contaminar a clareza da precificação. É papel do profissional resgatar a objetividade e equilibrá-la com a percepção de valor, sem permitir que o encanto ofusque os fundamentos.

Nesse sentido, o profissional que atua no mercado de luxo precisa dominar não apenas técnicas de análise de mercado, mas também o poder de reposicionamento narrativo. Não se trata apenas de "vender o imóvel", mas de comunicar corretamente seu valor, enquadramento de mercado e viabilidade como investimento. E isso exige postura estratégica: avaliar, ajustar, reler e adaptar – sempre com base em dados e percepção do cenário.

Há uma diferença sutil, mas profunda, entre o que o imóvel vale e o que ele representa. E, quando conseguimos unir as duas forças – valor e significado –, temos a precificação ideal: aquela que o mercado reconhece, o comprador deseja e o proprietário respeita. O corretor, nesse momento, deixa de ser apenas um intermediador e se torna um estrategista de ativos imobiliários.

Essa abordagem também exige sensibilidade para lidar com expectativas. Em muitos casos, os proprietários de imóveis de alto padrão têm envolvimento emocional com a propriedade. Sabem quanto investiram, o que viveram ali, o tempo que esperaram para colocá-lo à venda. Mas o mercado não precifica sentimentos – precifica valor percebido, escassez, localização, conjuntura econômica e percepção de oportunidade. Por isso, um dos papéis mais nobres do corretor é guiar com empatia, mas sem perder a firmeza analítica – traduzindo o que tem valor pessoal e o que, de fato, tem valor de mercado.

É verdade que emoções como desejo, identificação e status influenciam a decisão de compra – especialmente no mercado de luxo. No entanto, esse efeito só se converte em valor de mercado quando é reconhecido por mais de um comprador disposto a pagar por isso. Quando isso não acontece, o imóvel volta à sua essência objetiva: um ativo comparável, inserido em um contexto de mercado.

Outro ponto que não pode ser negligenciado é a responsabilidade em educar o mercado. Muitos clientes – compradores e vendedores – têm referências distorcidas sobre o valor de imóveis de luxo. Acham que o "luxo" justifica qualquer preço, ou que uma boa apresentação visual basta para garantir liquidez. Cabe ao corretor, então, mostrar que luxo sem lastro técnico é ilusão – e que, mais do que vender uma imagem, estamos oferecendo uma solução de alto impacto na vida e no patrimônio das pessoas.

O corretor que atua nesse segmento precisa fazer perguntas aprofundadas: O imóvel entrega o que promete? Está inserido em uma região com perspectiva de valorização? Qual o histórico de liquidez de imóveis semelhantes? A propriedade respeita as tendências de consumo atuais? Existe margem para negociação ou estamos inflando uma expectativa?

Todas essas perguntas fazem parte de uma metodologia que vai além da venda — é uma atuação consultiva, estratégica e baseada em inteligência de mercado.

"Luxo é percepção com estratégia. Um imóvel de alto padrão é um ativo que exige análise técnica e visão inteligente de mercado."

Kadu Parga

COBO
PREENDIMENTOS
CS FRANC
incon
CONST
libr
ORPORADORA
perp
Perplan projet
SA
AÇÕES
vivam
EMPREENDIME
ZP
REENDIMENTOS
UD
DO MERCADO

Kenedy Salas

Sou Kenedy Salas, casado, pai, corretor de imóveis e diretor do setor de vendas e *marketing* de uma companhia. Atuo em Minas Gerais e São Paulo com produtos econômicos e de médio e alto padrão, responsável por quase R$ 1,2 bilhão em lançamentos e quase 4.200 imóveis lançados e vendidos sob gestão.

kenedysalas

16 IDENTIFICANDO OPORTUNIDADES NO MERCADO IMOBILIÁRIO

Por Kenedy Salas

Quero começar este capítulo me apresentando: sou Kenedy Salas e atuo no mercado imobiliário há quase dez anos. Comecei como corretor de imóveis em um salão de vendas a convite de um amigo, depois de entrar "cru" no salão de vendas, passei por todo o processo de aprendizagem da corretagem, desenvolvendo a maturidade.

Segui carreira solo e logo tive a oportunidade de ser gerente comercial de uma construtora que estava começando um projeto de expansão. Entendendo das dores e frustrações do mercado por ter sido corretor de imóveis, pude contribuir com estratégias e mecanismos comerciais para que essa construtora em tão pouco tempo viesse a se tornar uma referência e potência em minha cidade, chegando a lançar e vender mil unidades por ano. Aí começa minha história no mercado imobiliário, pois, após três anos participando do time e do projeto dessa construtora, entendi que já tinha maturidade para empreender e montar meu negócio, além de vender consultorias.

Talvez este capítulo chame sua atenção para algumas coisas que são pouco faladas em nosso meio. Se você chegou até aqui, convido-o a fazer uma análise do momento da carreira em que você está e qual o próximo passo que pensa para ela. Aqui, vou relatar minha jornada e, fazendo uma análise crítica dela, talvez possa ajudá-lo a encontrar oportunidades em seu mercado, assim como encontrei no meu.

Percepções como corretor

Com pouco tempo de salão, pude notar que a maioria das pessoas quer ganhar dinheiro dentro desse negócio, mas poucas querem de fato resolver os problemas que envolvem todo o negócio de ponta a ponta. Vi muitos colegas correrem em busca das grandes áreas ou grandes negócios e ficarem no meio do caminho, mas também vi colegas vendendo imóveis no programa Minha Casa Minha

Vida (MCMV), lotes e imóveis de baixo valor, construindo vendas de alto valor agregado e mudando sua realidade quando o negócio se concretizava.

Tive com essas experiências minha primeira grande lição: somos agentes de negócios, e sempre temos que estar envolvidos em pequenas e grandes negociações; as pequenas vão nos dar a base mensal para nos manter até conseguirmos concretizar um grande negócio. O fluxo financeiro importa muito neste jogo. Um dos maiores vilões para nós, corretores de imóveis, é não entender que precisamos ter uma gestão financeira muito rígida, não sabemos quando vai ocorrer a próxima venda e não podemos negligenciar pequenos negócios ou parcerias. Acredite: no mundo de grandes transações, parcerias são essenciais.

Mudança de mentalidade e mudança de realidade

Vim de uma realidade em que eu lavava carros. Quando recebi minha primeira comissão, senti que estava realizando um sonho. Lavava cerca de 350 carros por mês para receber R$ 5 mil. Por meu primeiro apartamento vendido, recebi uma comissão de R$ 8 mil. Captei o cliente em uma ação na porta de uma empresa, mas, praticamente, foi o gestor da incorporadora que realizou a venda (até que ponto somos independentes no processo da venda?). Fui então percebendo a diferença entre captar o cliente e realmente concretizar um negócio e tomei a decisão de estudar, aprender a falar, a montar fluxo de pagamento para realizar os negócios de ponta a ponta. A referida comissão me deixou muito entusiasmado e, de certa forma, achei simples e gostei do que vi.

Enquanto colegas reclamavam do trabalho que os clientes nos dão, eu me lembrava de quantos carros teria que lavar para ter aquela remuneração e pensava que esses colegas "reclamavam de barriga cheia". Tomei a iniciativa de estudar mais, de me dedicar, aprender a argumentar, me comunicar melhor. Mesmo com poucos recursos, fazia uma hora de aula no YouTube todos os dias dos mais diversos temas: negociação, comunicação, matemática básica, persuasão, tudo o que eu entendia que era importante para minha carreira.

Foi então que comecei a seguir os conteúdos do Guilherme Machado, que, na época, era o único *player* da educação para o mercado imobiliário. Pude entrar em uma jornada de aprendizado que de fato expandiria minha mentalidade e mudar minha realidade. Sempre digo que o mercado imobiliário transforma vidas e proporciona algo muito diferente de outros mercados. Já vi corretor com três meses de atuação ganhar mais dinheiro do que corretores com dez anos de carreira ganharam em seu último ano. Essa equidade do mercado se dá porque somos agentes de negócios; temos que estar sempre conectados e, sim, neste jogo, o *networking* faz total diferença.

O que posso dizer que aprendi nesta parte da história é que a mudança de mentalidade gera a mudança de nossa realidade. Amigo(a) corretor(a), não se engane com a quantidade de atalhos que nos são oferecidos pelos profissionais que só querem vender cursos e mentorias. A constância é mais importante do que a velocidade em nossa carreira, e precisamos aprender a gerir nossos recursos, pois podemos estar bem-posicionados, trabalhar com produtos que são oportunidades, estar 100% encaixados como profissionais e produtos; mas, nesse jogo, há cenários que não controlamos, como a macroeconomia, a taxa de juros ou o cenário político. Vivemos um novo ciclo no mercado, de cinco ou seis anos, e vejo muita gente querendo vender resultados extraordinários sem sequer ter passado por um ciclo completo. Fique atento.

Identificando oportunidades no mercado imobiliário

Sempre fique atento às oportunidades. A cada ciclo de mercado surgem novas demandas e oportunidades para você construir sua carreira. Temos oportunidades o tempo todo; tivemos o *boom* dos loteamentos, o *boom* do alto padrão, o *boom* do MCMV. Em cada setor dentro do mercado, acontecem novas oportunidades, basta estar atento e posicionado.

Três características de um corretor de sucesso, independentemente do nicho

Posicionamento

Precisamos entender que somos nossa marca e, para ter uma marca forte, ela deve ser construída e desenvolvida não pensando apenas na comissão de hoje, mas em negócios de médio e longo prazo. Para conseguirmos fala de posicionamento, temos que imaginar o que estaremos fazendo daqui a cinco ou dez anos – como será nossa profissão? Como quero ser lembrado daqui a cinco anos? Às vezes, nosso grande problema é sermos muito perecíveis enquanto marcas, e não conseguimos planejar nossa carreira. Um exemplo disso é a quantidade de profissionais que surgiram como *influencers* pós-pandemia de covid-19 e que hoje não são mais relevantes para o mercado. Hoje, um bom posicionamento de marca pode ajudar você a mudar de nicho amanhã e não sofrer com as intempéries do nosso mercado.

Gestão do tempo

Outro grande *gap* é a gestão do tempo. Como corretor, sofri muito com isso e, quando montei minha primeira equipe de vendas, também pude perceber que havia pessoas com um perfil diferente do que imaginava para um corretor, mas que, no final do mês, conseguiam trazer resultados. Isso era fruto de disciplina e gestão do tempo. Outros profissionais com muita competência, por sua vez, chegavam ao fim do mês sem resultados. Ficou claro para mim que, nesse jogo esses, há dois tipos de jogadores: o que faz a gestão de seu tempo e tem resultados, e o que não faz e não tem resultados. Tenho plena convicção de que, se você entender isso, alavancará seus resultados.

Gestão financeira

Outro grande vilão para profissionais do setor de corretagem imobiliária é a gestão dos recursos. Já sofri com isso, sei como é difícil — em um mês, ter recursos sobrando e, em outro, faltando. Assim, a gestão de recursos faz toda diferença quando o assunto é se perpetuar no mercado. Já recebi comissão de R$ 210 mil e nunca tinha imaginado antes que pudesse receber esse valor em uma única transação. Isso muda nossa realidade e perspectiva sobre o dinheiro — esses recursos nos dão acesso a lugares e pessoas aos quais antes não tínhamos. Isso é um perigo ou uma liberdade?

O acesso a lugares de alto padrão nos trazem sérios problemas quando ainda não chegamos, pessoalmente, a esse nível e queremos ser aceitos neles. Não existe nada de errado em estarmos nesse nível. Acredito que os ambientes certos e as pessoas certas nos levam para o próximo nível, apenas temos que cuidar para não estarmos inseridos em determinado nível apenas como estratégia para nosso negócio. Vejo colegas se perdendo, fazendo dívidas, comprando carros para pertencer a um ambiente que gera apenas *status*, e não um negócio. Não cometa esse erro!

Na prática

De maneira muito prática e objetiva eu quis trazer para você, leitor(a) e colega de profissão, algumas dicas que melhoraram meu desempenho e meu posicionamento no mercado. Seguramente, eu as usei para chegar à frente dos meus negócios e também para a função que exerço hoje. Aprendi que existe uma grande diferença entre ser empreendedor do mercado imobiliário e ser profissional do mercado imobiliário. É possível ser muito bem-sucedido como corretor de imóveis, gerente de construtora ou imobiliária, para depois encarar o desafio de empreender, montar estrutura e um negócio. O caminho nesse sentido é árduo, mas não estou aqui para desmotivar você — e, sim, para incentivá-lo a entender em qual momento de sua carreira você está. Trace uma boa estratégia e desenvolva um plano de carreira para não ter frustrações.

Faça bem-feito e faça com excelência

Tive resultados como corretor, avaliador de imóveis, consultor e também como mentor. Não fiz dinheiro com imobiliária, mas consegui contratar e formar bons profissionais que atuam até hoje no mercado, fiz dinheiro com venda de área e com incorporadora. Tudo isso me deu *know-how* para escrever este capítulo do livro, para você entender que nosso mercado não é para amadores, que você consegue, sim, transformar sua realidade de vida por meio desse mercado e também entender que precisa planejar sua carreira para daqui a cinco ou dez anos.

Talvez eu não tenha trazido nenhuma fórmula mágica (basta de comprar cursos de quem nunca vendeu nada), mas redigi este texto para incentivar você a exercer sua consciência e refletir sobre em qual momento de mercado você está hoje e em qual deseja estar daqui a cinco anos. Desejo a você sucesso, saúde, paz e prosperidade.

“Mudança de mentalidade gera mudança em nossa realidade.”

Kenedy Salas

Liliane Porsch

O céu não é o limite, e eu vivo para provar essa verdade. Sou Liliane Porsch, natural de Chapecó, interior de Santa Catarina, hoje residente em Balneário Camboriú, a cidade com a maior valorização imobiliária do Brasil.

Minha jornada começou longe dos arranha-céus que hoje são minha paixão. Filha de funcionários públicos que prezavam pela estabilidade e pelo conforto previsível, escolhi um caminho diferente — um caminho sem teto, sem limites. Especialista em vendas no mercado imobiliário de alto luxo, transformei minha vida por meio de persistência, conhecimento e relacionamentos. Hoje, quando olho para o horizonte de Balneário Camboriú, vejo mais que prédios imponentes: vejo a materialização dos meus sonhos, a prova de que, quando acreditamos, podemos alcançar alturas inimagináveis.

lilianeporsch

+55 (48) 99807-1901

www.lilianeporsch.com

lilianeporsch@gmail.com

MANUAL DO CORRETOR DE LUXO

17 COMO REALIZAR COMISSÕES MILIONÁRIAS

Por Liliane Porsch

O início de uma jornada transformadora

Cresci em um ambiente em que nunca me faltou nada. Meus pais, dedicados funcionários públicos, sonhavam em me ver seguindo seus passos, trilhando um caminho de estabilidade, com um teto salarial previsível e confortável. É natural que pais queiram para seus filhos o que conhecem, o que lhes trouxe segurança. No entanto, algo em mim ansiava por mais.

Deixei Chapecó, em Santa Catarina, em busca de novas oportunidades na capital, em Florianópolis, e foi ali que o destino me apresentou ao mundo que transformaria minha vida para sempre.

Meu primeiro emprego foi na concessionária BMW. Ironia do destino ou talvez um sinal do que estava por vir, minha carreira iniciou-se precisamente no mercado de luxo. Ali, fui apresentada ao rigoroso protocolo alemão de atendimento ao cliente – a forma de se vestir, de se comunicar, de se portar. Tudo era meticulosamente definido, um universo completamente diferente do que eu conhecia. A maioria dos clientes era de empresários de toda Santa Catarina, pessoas que buscavam não apenas um carro, mas um símbolo de *status* e conquista.

Essa foi minha primeira escola no universo do luxo, no qual aprendi que não estava apenas vendendo produtos, mas proporcionando experiências e realizando sonhos. Estava vendendo pertencimento, exclusividade, distinção.

A descoberta do mercado imobiliário

Em 2012, mergulhei fundo no mercado que mudaria minha vida para sempre: o mercado imobiliário. Minha primeira experiência foi no Grupo Pedra Branca, uma cidade criativa projetada do zero, inspirada na urbanização europeia. Foi uma experiência marcante, que me possibilitou desenvolver competências e habilidades essenciais.

Lembro vividamente da minha primeira venda. No primeiro mês, vendi um imóvel de R$ 400 mil, que me rendeu uma comissão de R$ 8 mil – valor muito superior ao que eu ganhava com vendas de carros na época. Aquele momento foi revelador, um vislumbre do potencial que esse mercado oferecia.

Mas nem tudo foram flores. Como a maioria dos corretores, também passei por períodos difíceis, com meses sem vendas. Sou ansiosa por natureza e sempre me cobrei muito, o que me fez pensar inúmeras vezes em desistir dessa carreira. No entanto, algo em mim persistia, uma voz interior que dizia: "Se alguém está vendendo, eu também posso vender".

E foi essa persistência que me trouxe até aqui. Trabalhei em diversas construtoras, na equipe comercial interna e na gestão de produto. Passei pelo Grupo Pedra Branca, Construtora Pasqualotto, RDO, Embraed, FG Empreendimentos e GT Company. Cada uma dessas experiências somou ao meu conhecimento e à minha visão sobre o mercado.

Tive o privilégio de trabalhar ao lado de profissionais incríveis – gestores, diretores, colegas que me ajudaram nessa evolução. Sou grata a cada um deles. Mas houve um mentor especial que transformou minha visão sobre o mercado de luxo.

A virada de chave

Janeiro de 2015 marcou uma verdadeira virada de chave em minha carreira. A convite da Construtora Pasqualotto, assumi o *showroom* de vendas do Yachthouse by Pininfarina, o maior empreendimento da América Latina assinado por uma renomada grife italiana. Eu me tornava *player* de uma das maiores empresas de construção civil do país.

Sob a mentoria do presidente da construtora, aprendi lições valiosas sobre o mercado de alto luxo. Ele me dizia: "Você precisa conhecer o nível de cliente que atende. Para vender, você tem que saber, tem que conhecer. Estar preparada para vender um empreendimento de milhões".

Não era suficiente conhecer o produto que eu vendia, era necessário conhecer economia, cotação do dólar e bolsa de *commodities*. Era necessário conhecer o universo em que meus clientes viviam.

A rede de relacionamento era de alto nível: atletas renomados, artistas, cantores e grandes empresários. O trabalho exigia dedicação integral, excelência, comprometimento e muito conhecimento. Aprendi que o mercado imobiliário de luxo vai muito além de vender imóveis, trata-se de *lifestyle*. O profissional de vendas deve estar preparado para proporcionar ao cliente uma experiência de compra impactante, condizente com seu grau de sofisticação.

Foi nesse período que compreendi uma verdade fundamental sobre o mercado de luxo: “O luxo não é para todos”. Enquanto muitos corretores se intitulavam especialistas em “alto padrão” por venderem imóveis a partir de um milhão, percebi que isso era apenas a porta de entrada para um mercado muito mais exclusivo. Por isso, passei a me definir como especialista em alto luxo.

Sempre digo que marcas de luxo não vendem produtos, elas ofertam pertencimento. Um *status* que não pode ser simplesmente comprado — ele precisa ser conquistado. O que é escasso se torna mais especial, e isso não é preconceito ou exclusão: é identificação. O luxo, assim como a vida, não está apenas no objeto em si, mas no significado que ele carrega.

Superando desafios

Minha jornada não foi isenta de desafios. O primeiro grande desafio foi sair da zona de conforto e ir contra as expectativas dos meus pais. Como funcionários públicos, desejavam que eu prestasse concurso e desfrutasse dos benefícios da estabilidade. Porém, a estabilidade também tem um teto salarial. Esse sempre seria meu limite. E eu queria mais. Queria ir além.

Houve também um período em que voltei à estaca zero. Tudo o que eu havia conquistado até então perdi em uma aventura empreendedora que não deu certo. “Perdi tudo, mas ganhei experiência”, reflito hoje. Foram meses sem vendas, contratos que não se concretizavam, e a pergunta constante: “Por que eu? Por que de novo?”.

Mas minha grande aliada sempre foi minha fé. Acreditava que toda fase ruim passaria e que um dia colheria o fruto de todo o meu plantio. Deus sempre foi e será meu alicerce. A corretagem me ensinou a ser resiliente e persistente. Mesmo nos momentos mais difíceis, nunca deixei de estudar, de me profissionalizar, de almejar um futuro melhor.

A dúvida e a vontade de desistir bateram à porta muitas vezes. Mas algo dentro de mim me mantinha firme e me fazia persistir. Hoje, vejo que essa persistência foi fundamental para alcançar o sucesso que tenho hoje.

O reconhecimento e a consagração

Em 2023, retornei à gestão comercial do Yachthouse by Pininfarina, pela GT Company. Como eu conhecia o projeto desde 2015, foi uma grande honra fazer parte do momento da conclusão dessa obra. A agenda era lotada, os atendimentos exaustivos, mas foi ali que os resultados começaram a surgir de forma mais expressiva.

Em julho de 2024, comecei a participar das gravações de um *reality show* sobre o mercado imobiliário de luxo em Balneário Camboriú. Antes mesmo de o programa ir ao ar, em setembro de 2024, vivi um mês verdadeiramente inesquecível. Intermediei a venda de um imóvel pelo valor de R$ 45 milhões – minha maior negociação até então e o maior valor vendido até aquele momento na cidade.

Esse feito me consolidou como referência no mercado de alto luxo, levando a mais contratos milionários, de R$ 25 milhões, R$ 22 milhões, R$ 20 milhões e R$ 18 milhões. Em menos de seis meses, intermediei mais de R$ 150 milhões em negócios, um número bastante expressivo. Eu tripliquei minha meta, a qual até então me parecia ser impossível realizar. Demorei mais de dez anos para conquistar meu primeiro milhão. O segundo, o terceiro e o quarto vieram em poucos meses. E a meta se tornou R$ 1 milhão de comissão por mês.

O que antes parecia um limite – a venda de um apartamento de R$ 45 milhões – agora era apenas um degrau na escada do meu sucesso. Atualmente, já negocio um apartamento de R$ 65 milhões e vejo negociações futuras na casa dos R$ 100 milhões.

O diferencial que me trouxe até aqui

Para mim, os diferenciais que me trouxeram essas conquistas foi a combinação de vários fatores: relacionamento e *networking* com clientes de alto poder aquisitivo; capacidade de gerir negociações complexas; conhecimento profundo dos produtos; experiência na prática e base jurídica. Estudei Direito e, embora nunca tenha exercido formalmente, essa área proporciona segurança aos clientes nas transações. O conhecimento jurídico agrega, principalmente, para dar segurança ao cliente durante o processo de compra.

É interessante notar como isso se reflete na prática. São valores altos intermediados, e a confiança no meu trabalho é o fator mais relevante para o cliente porque, independentemente de o imóvel ser para moradia ou para investimento, ele precisa confiar que é um bom negócio.

Olhando para o futuro

"O céu não é o limite" é uma frase que repito constantemente. E, quando a digo, ela está muito relacionada a Balneário Camboriú. Sou apaixonada por arranha-céus, meu foco de vendas são prédios altos. Mas essa frase também carrega um significado mais profundo.

O funcionário público ou o trabalhador CLT tem um limite, um teto salarial. E eu escolhi um caminho sem limites. Uma vez acreditei que uma venda de R$ 45 milhões seria o meu limite. Descobri que não tenho limites. Hoje, olho para o futuro com a certeza de que ainda há muito a conquistar. Desejo continuar evoluindo, crescendo, superando meus próprios recordes. Quero ser a corretora de imóveis referência na compra ou venda de imóveis de alto luxo.

Que minha história inspire você a acreditar que tudo é possível! É possível vencer as dificuldades, as barreiras e é possível vender imóveis de milhões! Tenha resiliência, persistência, fé e nunca pare de trabalhar, de plantar, pois a colheita vem, cedo ou tarde, ela chega!

Como sempre digo, o mercado imobiliário muda vidas. Ele mudou a minha e pode mudar a sua também. Não importa onde você começou, importa aonde você quer chegar. E, acredite, você pode ir muito além do que imagina.

Eu sou Liliane Porsch, especialista em vendas e estratégias de relacionamento com clientes do mercado imobiliário de luxo. E esta é minha história. Uma história de superação, determinação e conquistas. Uma história que continua a ser escrita todos os dias, alcançando novos horizontes, conquistando novos céus.

“O céu não é o limite – você pode ir muito além do que imagina.”

Liliane Porsch

Luiz Sérgio de Assis Pereira Jr.

Luiz Sérgio de Assis Pereira Júnior é consultor, empresário e investidor, sempre pautado pela excelência, estratégia, inovação e visão de longo prazo. Liderou a reestruturação da Engetec Imóveis, tornando-a líder em vendas do Minha Casa Minha Vida. Foi coordenador do Núcleo das Imobiliárias de Guaramirim/SC e o mais jovem presidente da Associação das Imobiliárias de Jaraguá do Sul, Santa Catarina. Formado Administrador pela PUC, com MBA em Gestão Empresarial pela FGV e especializado Perito em Pareceres Técnicos pelo Ibrep, participou de grandes operações imobiliárias no sul do país. Foi responsável pela desmobilização de ativos do Grupo Malwee/SC e da Copel Energia/PR, além de atuar como gestor de uma carteira de Family Offices, focado na aquisição e administração de ativos para geração de renda recorrente.

luizsergio_jr

Luiz Sérgio de Assis Pereira Jr

18 DISCRIÇÃO E ELEGÂNCIA GUIAM O NOVO CONSUMO DE LUXO

Por Luiz Sérgio de Assis Pereira Jr.

Estamos entrando em uma nova era em que o luxo começa a ser interpretado sob novas lentes. Por muito tempo, a sofisticação foi associada à ostentação, às logomarcas evidentes, aos ambientes e produtos exclusivos sendo exibidos como símbolos de status. No entanto, o chamado *quiet luxury*, ou "luxo silencioso", começa a renovar esse universo. É um novo comportamento de consumo que acompanha não apenas uma questão estética, mas que vem responder ao desejo das gerações mais jovens por maior autenticidade e propósito.

É importante destacar que as rápidas alterações do atual cenário econômico global trouxeram mudanças representativas ao comportamento do consumidor em geral, mas, especialmente, ao cliente *high ticket*. Com instabilidades frequentes, aqueles que antes usavam o luxo como forma de distinção passaram a adotar uma postura mais reservada. Isso não significa que o desejo pelo exclusivo tenha diminuído, mas que ele passou a se manifestar de maneira mais sutil e refinada. E, assim, a discrição se tornou um novo sinônimo de sofisticação.

Para compreender esse movimento, é preciso também olhar para a trajetória do próprio mercado de luxo. A partir dos anos 1980, grandes marcas de luxo europeias expandiram seus domínios além das fronteiras tradicionais. Marcas até então voltadas para uma elite cultural e econômica mais restrita passaram a atender uma nova clientela global, sedenta por símbolos de ascensão social. Foi nesse cenário que surgiram os grandes conglomerados responsáveis por transformar produtos antes reservados a poucos em objetos de desejo mundial.

Para muitos, o luxo se traduzia em uma forma legítima de celebrar conquistas e demonstrar pertencimento a um novo grupo social. A resposta das marcas foi imediata: coleções marcadas por logos evidentes, acessórios chamativos e produtos que transmitiam, de forma quase literal, a ideia de "riqueza". Para uma parcela do mercado, essa leitura funcionava. Mas, para os consumidores mais antigos e exigentes, isso soava como barulho em excesso.

Essa elite mais tradicional, acostumada com a elegância herdada, com o apreço pelos detalhes invisíveis e com a discrição como valor, nunca deixou de ver o luxo como algo ligado à história, à herança e ao bom gosto. Para eles, sofisticação não se mede por etiquetas, mas por acabamento, conforto e a sensação de estar cercado de excelência. O *quiet luxury*, nesse sentido, trata menos do novo e mais do resgate de um modo de vida que sempre esteve ali, só que fora do radar do grande público.

Mais do que roupas e acessórios, o luxo silencioso traduz uma postura diante da vida. Ele aparece nas escolhas cotidianas, como no carro que não precisa ostentar uma marca, no imóvel em que o projeto fala mais alto do que a metragem, na viagem que valoriza experiências em vez de *selfies*.

Aparece também na forma como essas pessoas protegem o que têm de mais valioso: a privacidade.

Em um mundo hiperconectado, em que dados circulam com rapidez e as vidas se tornaram públicas por padrão, a discrição virou uma espécie de blindagem. Famílias de alto patrimônio hoje não buscam apenas exclusividade, buscam também sigilo, segurança e a tranquilidade de viver bem, longe dos holofotes. Por isso, no consumo, trata-se de uma estética, sim, mas também de uma mentalidade. A tendência do *quiet luxury* se baseia, essencialmente, na busca por experiências e produtos de qualidade refinada, sem a necessidade de exposição e validação externa.

A expressão ganhou de fato notoriedade no mercado em 2023, inicialmente por meio do cenário da moda, com marcas reintroduzindo roupas em tons suaves, cortes clássicos e com a ausência de logomarcas. O conceito agora já é percebido com ênfase em diferentes setores. Beleza, automóveis, tecnologia, arquitetura e, claro, mercado imobiliário estão incorporando a abordagem, em que o requinte se manifesta nos detalhes, na excelência do *design* e na capacidade encantadora da entrega.

Nesse sentido, o conceito de exclusividade não se mantém mais atrelado apenas ao preço ou à dificuldade de acesso, mas à durabilidade e ao valor agregado. Peças bem-feitas, com materiais superiores e técnicas artesanais, ganham destaque. Na moda, como já mencionado, as grifes abandonaram as logomarcas aparentes para valorizar os cortes impecáveis e a presença de tecidos nobres. Na arquitetura, agora prevalecem ambientes atemporais, com iluminação natural e móveis que privilegiam a forma e a funcionalidade. Em vez de fachadas imponentes e interiores carregados de excessos, surgem projetos com acabamentos magistrais, integração com a natureza, paletas sóbrias e materiais que privilegiam sensorialidade e longevidade.

Compreendendo esse movimento, as marcas também passaram a adotar uma abordagem mais cuidadosa em suas estratégias. Em vez de apostar em campanhas publicitárias ostensivas, agora investem na experiência e na personalização. Atendimento sob medida, espaços projetados para oferecer conforto e privacidade e produtos que falam por si são alguns dos elementos que definem essa nova fase do luxo.

Tendo a experiência como verdadeira protagonista das decisões, o mercado de alto padrão agora não se limita mais à aquisição de bens, mas à vivência que eles proporcionam. Restaurantes, hotéis e boutiques de luxo adotam o conceito de exclusividade silenciosa, criando ambientes onde o cliente se sente único sem precisar exibir nada para ninguém. O atendimento personalizado e a discrição dos serviços agregam valor à experiência e fortalecem a conexão entre marcas e consumidores.

O luxo silencioso cria uma atmosfera em que a experiência do cliente não pode se resumir apenas ao ato da compra, mas ao cuidado com cada interação. Lojas que adotam o conceito evitam excessos visuais e ruídos desnecessários, proporcionando um cenário de compra que se transforme em um momento quase contemplativo. O ambiente discreto permite ao consumidor que explore cada item no seu próprio tempo, percebendo o valor real do que está diante dele. Mais do que *status*, a compra passa a representar um vínculo genuíno entre o cliente e aquilo que ele escolhe levar consigo para a vida.

Essa conexão também se reflete na maneira como as marcas de luxo se comunicam. Em vez de estratégias chamativas, o luxo silencioso se constrói com narrativas que valorizam a herança, a manufatura e o processo criativo por trás de cada item. O cliente não é convencido com promessas vazias, mas conquistado por histórias que fazem sentido dentro de seu estilo de vida. Um perfume com ingredientes raros, um relógio que carrega a tradição de séculos ou um móvel projetado para atravessar gerações não precisam de publicidade estridente para serem desejados. Eles encontram seu público naturalmente, sem se esforçar, porque sua mensagem já é carregada de certezas. Ao reforçar a discrição como parte de sua identidade, as marcas também defendem a nova forma com que o luxo deve ser percebido: não como um símbolo a ser exibido, mas como um privilégio para ser vivido.

A valorização da discrição também caminha lado a lado com um consumo mais consciente, com luxo e propósito se tornando inseparáveis. A ostentação excessiva entra em declínio à medida que os consumidores passam a questionar a origem e o impacto dos produtos que consomem. A sustentabilidade no mercado de alto padrão não responde apenas a uma questão de preocupação ambiental, mas a uma escolha gerada por maior sofisticação e inteligência. Materiais recicláveis, processos produtivos menos agressivos e a valorização de técnicas responsáveis são aspectos que ganham espaço. O consumidor de luxo não quer apenas exclusividade: ele busca algo que reflita seus valores e que tenha uma história por trás.

Em um cenário no qual a sofisticação se encontra na sutileza, os excessos e a superficialidade perdem espaço para a longevidade e experiências mais genuínas. A relação entre marcas e clientes passa a ser construída mais claramente por meio da confiança, do respeito e da valorização da individualidade, resultando em conexões mais autênticas e duradouras. O *quiet luxury* não apenas vem redefinir o consumo de alto padrão, mas reafirmar que o verdadeiro luxo está no que é sentido, e não no que é mostrado. Não se trata de esconder, mas de valorizar o que realmente importa.

Se esse movimento parece ser o contraponto à ostentação, ele não é, necessariamente, sua completa negação. Ambos os estilos seguirão coexistindo no mercado, visto que diferentes trajetórias refletem diferentes expressões do luxo. Ao conquistarem espaço e patrimônio, muitos perfis *high ticket* ainda almejarão investir em imóveis de milhões, carros de luxo e lanchas, expressando suas conquistas por meio de um luxo celebrativo e autêntico. Portanto, o encontro de estilos não necessariamente representa um problema, mas uma atualização. Vivemos uma nova fase em que o prestígio não está só na posse, mas na experiência personalizada, na liberdade de viver à própria maneira.

O desafio do mercado de alto padrão, agora, não é apenas manter a excelência em infraestrutura e atendimento, mas compreender que a sofisticação pode ter muitas faces. O valor está na liberdade de escolha. Para alguns, o luxo é silêncio, discrição e tradição. Para outros, é vibração, conquista e celebração. Ambos são válidos. É nessa pluralidade que o novo luxo se encontra: mais fluído, mais humano, mais conectado com o tempo em que vivemos. O futuro do luxo pode ser mais silencioso, mas sua presença se manterá inegável.

"Nesse novo momento, o luxo se manifesta em como cada detalhe é pensado para oferecer bem-estar e significado."

Luiz Sérgio de Assis Pereira Jr.

Marco Lima

Sou Marco Lima, casado com a Érica, corretor de imóveis, escritor e advogado em Nova Lima/MG, região metropolitana de Belo Horizonte.

Especialista em imóveis de alto padrão, sou proprietário da Imóveis de Luxo Vila da Serra e presidente da Comissão de Direito Imobiliário e Condominial da OAB/MG – Subseção Nova Lima (2022-2027).

Premiado em 2022 no maior treinamento de empreendedorismo do mundo criado pela ONU, desenvolvi uma visão estratégica com foco no cliente.

Com mais de quinze anos de experiência e formação sólida (pós-graduação em Negócios e Direito Imobiliário), ofereço um novo conceito em assessoria imobiliária: soluções completas, sob medida e com segurança jurídica.

Sem corretores de imóveis na família, desenvolvi habilidades e credibilidade do zero, com consistência e valores.

Hoje, acredito que dividir experiências é a melhor forma de fortalecer o mercado e retribuir tudo o que conquistei. Escaneie o QR Code abaixo e acesse as minhas mídias sociais e site.

marcolimabroker

+55 (31) 99126-8863

marcolimabroker

19 COMO DESENVOLVER CREDIBILIDADE NO MERCADO DE LUXO

Por Marco Lima

O cenário do luxo

Pense em um lugar onde a experiência é tão importante quanto o que é vendido, onde cada detalhe é importante e a confiança é a moeda de troca que tem mais valor. Esse é o mercado de luxo, um universo que vai muito além da negociação.

A credibilidade é a base de qualquer profissional que deseja se destacar no seu mercado, especialmente no de luxo. Nessa seara, em que a exclusividade e a confiança são fatores determinantes, os clientes não escolhem apenas um imóvel, mas a experiência, a segurança e a garantia de que estão fazendo o melhor investimento.

Todavia, ser um corretor de imóveis de luxo não é apenas vender propriedades de alto valor. É garantir que sua palavra transmita respeito, construir um nome forte e consolidar uma imagem de especialista. A credibilidade não se impõe, ela se constrói com consistência, conhecimento e ações alinhadas ao discurso.

No entanto, entrar e prosperar no mercado de luxo vai muito além de boas intenções ou palavras bonitas. Não basta escrever no perfil das redes sociais: "Especialista em imóveis de luxo". É preciso dominar o assunto, entender o cliente e se mostrar presente. Competência só vale quando é percebida. Reputação se edifica com atitudes reais, dia após dia – com coerência, confiança e credibilidade.

O cliente desse mercado é exigente – e com razão. Ele busca algo que ultrapassa o comum: valoriza a autenticidade, o cuidado nos detalhes e, acima de tudo, um atendimento que surpreenda. Para conquistar esse público, o profissional precisa entregar experiências únicas e mostrar que realmente entende o que esse cliente quer e precisa.

No mercado *premium*, pequenos deslizes podem comprometer anos de trabalho. Credibilidade é algo muito difícil de construir e também muito fácil de perder. Um profissional que não cumpre prazos, não entrega o que promete ou não imprime confiança perderá espaço para aqueles que são referência. Ser reconhecido nesse mercado significa, antes de tudo, entender o terreno onde pisa, dominar o que faz e construir uma identidade única.

Por que credibilidade é um desafio?

Construir credibilidade nesse mercado não é tarefa simples. Muitos corretores subestimam o quanto isso é essencial e acabam enfrentando dificuldades inesperadas. A título de exemplo, a ausência de uma comunicação aberta e alinhada com os valores do cliente pode gerar dúvidas e, consequentemente, desconfiança. E, no mercado de luxo, a desconfiança não apenas afasta pessoas – ela rompe relações e paralisa negócios.

O grande desafio para muitos profissionais do mercado imobiliário de luxo não é apenas conseguir clientes, mas manter um nível de confiança que os fidelize e os transforme em indicadores espontâneos do seu trabalho.

O mercado de imóveis luxuosos é ímpar. Os clientes são bem-informados, têm expectativas elevadas e não toleram erros ou inconsistências. Um único equívoco pode colocar em risco toda a credibilidade construída.

Além disso, há uma grande concorrência, e destacar-se exige mais do que conhecimento técnico: é necessário demonstrar profissionalismo em todos os detalhes. O que você oferece que os outros não oferecem? Sem um elemento único, o cliente de luxo pode facilmente optar por outro profissional. E não se trata apenas do que você oferece, mas *como* oferece.

Outro problema recorrente é a desconexão entre a imagem projetada e a realidade do profissional. Não é suficiente parecer competente, é preciso ter competência e comunicar essa competência de forma explícita e com autenticidade. Postagem bonita nas redes sociais e discurso alinhado não bastam. A confiança nasce do que se faz todos os dias — com coerência, compromisso e transparência.

As consequências de não ter ou não transmitir credibilidade

Falta de credibilidade é um risco alto demais para quem atua no mercado de imóveis de luxo. Sem uma reputação sólida, as portas vão se fechando: as oportunidades diminuem, os clientes não voltam e as indicações simplesmente desaparecem.

Um profissional que não constrói confiança perde espaço no mercado. Seus anúncios não despertam interesse, sua abordagem é vista com desconfiança e ele passa a competir apenas por preço, em vez de ser valorizado pela experiência que proporciona.

Além disso, a perda de credibilidade é um caminho sem volta para muitos. Diferentemente da reputação, que pode ser recuperada com tempo e esforço, a confiança, uma vez quebrada, dificilmente se reconstrói com o mesmo cliente ou com o mesmo parceiro.

Pense em um cliente que sente que não pode confiar plenamente em você. Ele provavelmente hesitará em fechar negócios, o que afeta diretamente seus resultados. E, no mercado de luxo, a propaganda boca a boca conta muito. Uma má impressão pode afastar não apenas aquele cliente, mas todo o círculo social dele.

Nesse mercado, em que cada intermediação envolve valores expressivos e uma relação de confiança profunda, erros são menos toleráveis e suas consequências são mais duradouras.

Passos para a construção da credibilidade

Sendo a credibilidade um atributo essencial, como desenvolvê-la de forma consistente? Indico a seguir seis práticas estratégicas e eficazes.

1. Cumprimento de prazos e promessas, ética e transparência

Credibilidade não está apenas no que você diz, mas principalmente no que você executa. Comece alinhando isso, comece a perceber se você realmente cumpre com a palavra, não somente na vida profissional. Quando se compromete com algo, por exemplo, confirma sua presença em uma festa de aniversário, você realmente vai? Seja uma pessoa que cumpre suas promessas, que se compromete com o que diz.

Agir honestamente, com pontualidade, cumprir prazos e manter a palavra são comportamentos básicos que fazem parte de uma reputação sólida.

Aja conforme os princípios da ética não apenas com os clientes, mas também com parceiros e no seu ciclo social. Um corretor de alto desempenho entende que não tem adversários: todos podem ser potenciais parceiros no futuro. É essencial evitar comentários negativos sobre colegas, pois isso não eleva sua posição e pode prejudicar sua credibilidade.

No mercado de luxo, transparência não é um diferencial: é uma obrigação. O cliente quer (e merece) informações claras sobre tudo: imóvel, impostos e qualquer detalhe que possa impactar sua escolha. Nada de exageros, mentiras ou omissões para tentar fechar negócio. A honestidade, nesse segmento, vale mais do que qualquer técnica de persuasão.

2. Capacitação constante, marca pessoal e posicionamento

Aprender nunca é demais — e, no mercado de alto padrão, é essencial. Quem busca excelência precisa estar em constante evolução. Estude sempre, atualize-se sobre práticas inovadoras, novas formas de negociar, tendências em arquitetura, tecnologia e tudo que possa elevar ainda mais seu nível profissional.

Ser referência não se trata de aparência, trata-se de realmente ser. A confiança vem como consequência da consistência. Você precisa construir uma identidade forte para ter reconhecimento nesse mercado. Crie um *branding* sólido, tudo deve manter coerência: seu tom de voz, sua imagem e sua presença digital.

A credibilidade no mercado de luxo passa pela capacitação constante, aplicação prática do conhecimento e construção de uma marca pessoal autêntica, em que a confiança é resultado da consistência e da coerência em todos os aspectos da sua identidade.

3. Atendimento verdadeiramente personalizado

O cliente precisa ter o sentimento de que você entende o que ele deseja – desde o primeiro contato até o pós-venda. Para isso, entenda realmente do que ele precisa e crie soluções sob medida. Essa não é mais uma tarefa, é um compromisso. Pense em cada detalhe para superar expectativas e criar uma conexão emocional.

4. *Networking*

O mercado de luxo vai muito além de produtos – ele é feito de momentos, experiências e sensações. Estar nos lugares certos, com as pessoas certas, faz toda a diferença.

Participar de eventos e círculos exclusivos não é apenas *networking* – é criar conexões reais que podem abrir portas e gerar grandes oportunidades.

5. Prova social e autoridade

No mercado de imóveis de luxo, a palavra do cliente tem muito peso. Depoimentos e histórias reais geram mais confiança do que qualquer discurso de venda. Por isso, incentive seus clientes satisfeitos a compartilharem suas experiências – mostre as conquistas, os diferenciais de seu atendimento e os resultados alcançados.

Mas atenção: nesse segmento, a discrição é essencial. Muitos valorizam o anonimato. Sempre peça autorização antes de divulgar qualquer *case* ou depoimento. Respeito e ética vêm sempre em primeiro lugar.

6. A força da consistência

Credibilidade não se desenvolve da noite para o dia, mas pode ser destruída rapidamente. Pequenos gestos, como cumprir horários, responder a mensagens com atenção e entregar exatamente o que foi prometido fazem toda a diferença.

Seja aquela pessoa que fala pouco e entrega muito. No mercado de luxo, a confiança nasce nos detalhes. E é nesses detalhes que você se destaca.

Agora é com você: desenvolva sua credibilidade

Você também pode trilhar esse caminho. Cada detalhe, ainda que pequeno, importa, desde a forma como você atende uma ligação até a maneira como apresenta um imóvel. Acredite que cada cliente é único e trate-o como tal.

Construir credibilidade é um processo contínuo – não tem ponto final. É fruto da consistência, da paixão pelo que faz e da vontade real de causar um impacto positivo. Quando você vai além do que o cliente espera, ele não só confia em você como passa a recomendar seu trabalho de olhos fechados.

No mercado de luxo, cada venda é apenas o começo de uma história em que conexões verdadeiras e valores compartilhados fazem toda a diferença. Com credibilidade, você não apenas fecha negócios: consolida vínculos reais e se torna o nome de confiança de quem exige o melhor.

"No mercado de luxo, a credibilidade é invisível aos olhos, mas decisiva nas escolhas."

Marco Lima

Marcos Giulio

Marcos Giulio, corretor de imóveis, mentor e palestrante, acumula mais de 32 anos no mercado. Com formação em Administração, incluindo mestrado e doutorado, destaca-se em vendas de alto padrão e fidelização de clientes, conquistando diversas vezes o título de campeão de vendas.

Alcançou impressionantes R$ 300 milhões em vendas e R$ 21 milhões em comissões. Além de sua carreira, é um viajante ávido, tendo explorado cinquenta países e enfrentado desafios, como o Campo Base do Everest e o Caminho Português de Santiago de Compostela.

Graças a seu sucesso, conquistou liberdade geográfica e estabilidade financeira, sendo inspiração para outros corretores. Seu objetivo principal é ajudar a desenvolver outros profissionais, capacitando-os a se destacar no mercado imobiliário de alto padrão.

marcos_giulio

20 POTENCIALIZANDO GANHOS IMOBILIÁRIOS COM *NETWORKING*

Por Marcos Giulio

O mercado imobiliário brasileiro se destaca como um dos setores mais dinâmicos e competitivos do país. Nesse ambiente, não são apenas as habilidades comerciais e o conhecimento técnico que fazem a diferença, mas também a capacidade de se adaptar a um cenário em constante transformação. A realidade é que muitos profissionais que não obtiveram sucesso em outras áreas acabam migrando para o mercado imobiliário. Isso torna a área ainda mais competitiva, que exige um leque diversificado de competências.

É um engano acreditar que ter uma boa aparência ou lábia convincente é suficiente para se sobressair. No Brasil, um país de dimensões continentais e de profundas diversidades culturais e econômicas, o mercado pode parecer pequeno à primeira vista, mas, na verdade, é vasto e repleto de nuances. Os consumidores estão mais exigentes, buscando não apenas produtos e serviços, mas experiências autênticas e relacionamentos verdadeiros. Nesse cenário, o verdadeiro diferencial de um corretor de imóveis se revela na sua habilidade de construir e nutrir uma rede sólida de contatos. Amigos, familiares, clientes e comerciantes se tornam aliados estratégicos, e cultivar esses relacionamentos é essencial.

Minha experiência pessoal, marcada por viagens ao redor do mundo e participação em eventos sociais de alto nível, como festas em camarotes e jogos em áreas VIP de estádios, ilustra claramente como esses relacionamentos estratégicos podem se transformar em oportunidades valiosas. Muitos de meus ganhos mais significativos vieram de conexões que inicialmente pareciam informais, mas que se revelaram fundamentais para meu sucesso profissional.

Nesse contexto, a prática do *networking* se torna não apenas uma estratégia, mas uma habilidade vital para quem busca se destacar e prosperar nesse mercado. A concorrência é forte, e é comum ver tanto bons profissionais quanto aqueles que se destacam de forma negativa. Muitos corretores que entram na profissão buscando ganhos rápidos e fáceis, ao enfrentarem a realidade do setor – que exige trabalho árduo, dedicação e resiliência –, acabam desistindo.

Portanto, é crucial que os novos profissionais do mercado imobiliário estudem que o sucesso não vem apenas de táticas de vendas, mas, sobretudo, da construção de relacionamentos autênticos e da criação de uma reputação sólida. Em um mercado saturado, a confiança se torna um ativo inestimável. O corretor que investe tempo e esforço em sua rede de contatos não só se posiciona como um líder de opinião, mas também aumenta suas chances de receber referências e, consequentemente, fechar negócios mais lucrativos.

O futuro do mercado imobiliário no Brasil se desenha promissor, mas aqueles que desejam maximizar suas oportunidades devem se preparar para um jogo em que o verdadeiro capital é relacional. Sua capacidade de cultivar e manter relacionamentos duradouros poderá ser o fator determinante entre o sucesso e o fracasso no competitivo mundo da corretagem imobiliária.

Muitos corretores de imóveis concentram seus esforços exclusivamente em melhorar suas habilidades técnicas e em estratégias de vendas com cursos e mais cursos ou, simplesmente, decorando informações sobre um produto ou produzindo vídeos de imóveis, portando-se como demonstradores e não corretores. Muitos se transformam em corretores de plantão ou de lançamentos, negligenciando a construção de uma rede de contatos robusta e verdadeira.

Isso pode ser um grande erro, pois, no competitivo setor imobiliário dos anos atuais, com todo o *glamour* e com a profissão voltando a ser reconhecida com muitas premiações, as melhores oportunidades nem sempre estão disponíveis apenas por meio de esforços individuais, como aquele encontro para um cafezinho ou uma visita na obra para ver sua evolução e conferir os materiais mais recentes que estão sendo utilizados.

A ausência de uma rede bem estabelecida pode limitar de maneira significativa o alcance de um corretor. Algumas atitudes equivocadas que contribuem para isso incluem ficar sentado atrás de uma mesa à espera de *leads*, reclamar sobre a qualidade desses *leads* ou sobre a empresa de *marketing* e responsabilizar outras pessoas pelos problemas enfrentados. Algumas reclamações comuns incluem acusar a imobiliária de fornecer apenas "clientes sem noção". Tudo isso, aliado à falta de conteúdo relevante para engajar o cliente, compromete a capacidade do corretor de gerar valor e empatia, dificultando, assim, o desempenho nos números do funil de vendas

Sem um bom *networking* o corretor de imóveis pode enfrentar uma série de dificuldades e não assumir seus próprios erros.

Por exemplo:

- perda de oportunidades exclusivas: se o corretor não adotar o hábito de visitar construtoras ou de tomar um café com arquitetos, corre o risco de perder a chance de acessar empreendimentos antes da concorrência, isso também inclui a possibilidade de encontrar potenciais negócios que poderiam beneficiar seus contatos e facilitar a concretização de outras transações;
- falta de indicações: com um bom relacionamento com clientes antigos já em sua carteira, outros corretores e investidores podem se lembrar de você e lhe enviar clientes, mas, sem esses vínculos, fica difícil manter esse fluxo natural de recomendações;
- dificuldade para se destacar: em um mercado em que muitos dominam as técnicas de venda e relacionamentos, é fundamental ser reconhecido como especialista em vendas bem-sucedidas.

Sem um bom *networking*, seu trabalho perde potencial, pois você não tem referência e credibilidade e acaba dependendo da sorte. Como gaúcho, sei que temos o costume de valorizar a amizade e os laços que construímos, independentemente de dinheiro.

Para superar esses desafios, o *networking* se torna uma ferramenta indispensável.

O *networking* como ferramenta fundamental para o sucesso de um corretor de imóveis

A construção de relacionamentos com construtoras e arquitetos pode abrir portas para acesso antecipado. Por exemplo, em uma roda de conversa em um bar, pode vir à tona o assunto sobre lançamentos e novos empreendimentos. Isso significa que você poderá oferecer a seus clientes oportunidades que os concorrentes ainda não têm, criando uma vantagem competitiva.

Construção de reputação e credibilidade: participar de eventos do setor, interagir com outros profissionais e compartilhar conhecimento são formas de se posicionar como um especialista no mercado. Quanto mais visível você for, mais fácil será outras pessoas confiarem em sua capacidade e recomendarem seus serviços.

Troca de conhecimentos: *networking* não se resume apenas em gerar negócios, mas também em aprender. Ao trocar experiências com outros corretores, você adquire novas estratégias de vendas, técnicas de negociação e, principalmente, fica por dentro das tendências do mercado, o que refina suas habilidades profissionais.

Profissionais como advogados, financiadores, *designers* de interiores e mestres de obra são peças-chave para que um corretor possa oferecer um serviço completo ao cliente. O *networking* ajuda a estabelecer essas parcerias, o que, por sua vez, aumenta as chances de sucesso em negociações e a fidelização de clientes.

O boca a boca em um jantar, em um evento ou uma festa é uma das formas mais poderosas de *marketing*. Clientes satisfeitos e parceiros bem conectados frequentemente recomendam seus serviços, criando uma base sólida e crescente de novos clientes.

Como colocar o *networking* em prática

Eventos do setor, lançamento de produtos, visitação de maquetes: participar de feiras, *workshops* e seminários é uma ótima forma de expandir sua rede de contatos.

Plataformas como YouTube, com alcance mundial, e Instagram, com sua relação de amigos e lugares em comum, são ferramentas poderosas para mostrar seu conhecimento e dar visibilidade ao seu trabalho – por exemplo, com vídeos e demonstrações de produto. Ter mais seguidores poderá trazer ganhos importantes, como possibilitar a construção de uma reputação.

Estar inserido em entidades do setor ou mesmo outras associações, como motoclube, clube de golfe ou uma instituição social fortalece sua imagem profissional e oferece um ponto de encontro com outros especialistas ou profissionais que podem necessitar de seus serviços. Pessoas que você conhece, dos lugares que frequenta, podem precisar saber, em algum momento, quanto vale o próprio imóvel, ou o de algum parente.

Investir em grupos exclusivos e em encontros de entidades privadas é uma maneira eficaz de estabelecer relações sólidas e duradouras com parceiros e clientes em potencial. Esses encontros proporcionam oportunidades de *networking*, permitindo a troca de informações valiosas e a construção de vínculos de confiança.

Construir uma rede de contatos não é um processo rápido, mas os resultados de longo prazo são incontestáveis. A chave é investir em relacionamentos genuínos e verdadeiros, ser transparente e fornecer valor real para as pessoas ao redor.

O *networking* no mercado imobiliário não se relaciona apenas a "conhecer pessoas", mas a viver com elas e se envolver em uma rede de apoio mútua, em que todos crescem juntos, com leveza. Para ser bem-sucedido, você precisa ser alguém que não apenas recebe, mas também compartilha conhecimentos, oferece ajuda e mantém uma postura ética.

Por fim, o corretor de imóveis que se dedica a viajar, a expandir sua mente e suas amizades, alimentando sua rede de contatos, está mais muito bem-preparado para enfrentar os desafios do mercado e aproveitar as oportunidades que surgem por meio de suas redes, como convites para participar de eventos, como casamentos, festas e lançamentos, entre vários outros momentos em que você fará mais amizades – e mais negócios.

Portanto, comece hoje a investir em seu *networking*, porque, no fim, são as conexões e os relacionamentos que realmente abrem portas para o sucesso. Sua rede trabalhará em seu lugar, enquanto você cuida de nova relações de amizades que vão gerar novos negócios.

"No mercado imobiliário, técnica e conhecimento são essenciais, mas o *networking* é o que abre portas e transforma oportunidades em negócios."

Marcos Giulio

Mario Tullio

Sou Mario Tullio, sócio do Grupo Tullios – Ecossistema de Soluções, que integra imobiliária, administração de condomínios e portaria remota. Atuo no mercado imobiliário há dezessete anos, com foco em imóveis de alto padrão em São Luís/MA. Também sou vice-presidente da Associação Comercial do Maranhão e presidente do Sinacon-MA. Lidero uma equipe com quase seiscentos colaboradores e sou mentor de corretores comprometidos com um atendimento que transforma vidas. Para mim, imóveis representam conquistas e identidade.

mariotullio
tulliosimoveis
tullioscondominios
+55 (98) 98151-5444
mariotullio@hotmail.com

21 COMO ENTREGAR VALOR NO MERCADO DE IMÓVEIS DE LUXO

Por Mario Tullio

No mercado imobiliário de alto padrão, a entrega de valor transcende a simples venda, e em São Luís/MA não é diferente. O preço torna-se um detalhe secundário diante da arte de proporcionar uma experiência completa e personalizada. O valor reside nas sutilezas, nos gestos atenciosos, na capacidade de interpretar as necessidades não ditas e em superar as expectativas do cliente. Esse universo do luxo não se pauta pela urgência, mas pelos desejos, que são intrinsecamente emocionais e, por vezes, complexos de decifrar.

O corretor que atua nesse segmento precisa ir além da expertise técnica: ele deve ser um profissional dotado de sensibilidade, visão estratégica e, acima de tudo, uma profunda compreensão da natureza humana. Recordo-me vividamente de um cliente que expressou que o diferencial não residia apenas no imóvel anunciado, mas na essência de nossa primeira interação. Essa percepção ecoa a verdade do mercado de luxo: o intangível tem um peso significativo, a percepção molda a decisão e os detalhes minuciosos constroem a confiança.

Nesse segmento, a transação não se limita à entrega de metros quadrados: trata-se de proporcionar uma genuína sensação de pertencimento. Não apresentamos meramente cômodos, mas as projeções de uma vida plena e realizada. Cada visita transcende uma mera formalidade agendada, transformando-se em um ritual cuidadosamente orquestrado. Cada atendimento representa uma experiência singular, em que o luxo não se manifesta apenas nos materiais nobres, mas na atenção e no cuidado dedicados à jornada do cliente, que deposita sua confiança em nós.

Entregar valor, portanto, exige uma escuta que vai além das palavras, uma atenção que perscruta os detalhes. É a capacidade de antecipar o que o cliente valoriza antes mesmo que ele o verbalize. É a arte de oferecer o essencial e surpreender com o inesperado. É, fundamentalmente, reconhecer que cada cliente não é um número em uma planilha, mas um indivíduo com uma história, um legado e expectativas elevadas.

Sugiro esta reflexão: em sua prática profissional, quantas vezes a prioridade recaiu sobre a comissão imediata em detrimento da construção de uma reputação sólida e duradoura? No mercado de alto padrão, a reputação é seu ativo mais valioso, o alicerce que define se você será lembrado com apreço ou relegado ao esquecimento. O luxo sempre demanda contexto. Apresentar uma cobertura de múltiplos milhões sem contextualizar o estilo de vida que ela representa carece de significado. Entregar valor é narrar a história do imóvel com a mesma paixão e detalhe com que se apresenta uma obra de arte, guiando o olhar do cliente para os atributos que, embora inicialmente não percebidos, ressoarão profundamente com seus anseios.

A estética inegavelmente importa, mas a narrativa que emana de sua própria conduta tem um impacto ainda maior. Atuar no mercado de imóveis de alto padrão é, intrinsecamente, um exercício contínuo de desenvolvimento pessoal. É imperativo tornar-se o tipo de profissional com quem o cliente de alto poder aquisitivo deseja negociar. Confiança, postura profissional, linguagem refinada, rigorosa pontualidade e uma presença digital estratégica e elegante – todos esses elementos comunicam de forma poderosa.

Um dos equívocos mais frequentes que observo reside na dissonância entre o discurso de venda e a imagem transmitida pelo corretor. É incongruente pretender comercializar imóveis de cifras elevadas com uma presença on-line amadora, marcada por vídeos improvisados e legendas genéricas. O cliente do segmento de luxo valoriza a estética apurada, a consistência na comunicação e, acima de tudo, a credibilidade. Se o corretor não se posiciona como uma autoridade no assunto, sua mensagem dificilmente capturará a atenção desse público exigente.

Entregar valor também implica a firmeza de saber dizer não, na honestidade de orientar o cliente quando determinada escolha não se alinha a seus objetivos. Significa respeitar o tempo do cliente, dispensando qualquer forma de pressão, mas mantendo uma presença constante e atenciosa. E, primordialmente, consiste em criar uma jornada tão memorável que a indicação se torne uma consequência natural, não apenas pela concretização do negócio, mas pela experiência singular e pela forma como o cliente se sentiu valorizado e compreendido.

Essa é a verdadeira métrica do sucesso no universo do alto padrão: ser lembrado não pelas propriedades oferecidas, mas pela forma como o cliente se sentiu durante todo o processo. Para alcançar essa distinção, é fundamental entregar mais do que um produto: é preciso proporcionar uma experiência memorável. Experiência é o legado que perdura após a conclusão do negócio, o elo que estabelece vínculo, credibilidade e uma confiança duradoura.

Com o tempo, compreendi que meu papel transcende a mera intermediação. Frequentemente, atuo como um intérprete de um sonho ainda em sua fase embrionária, um facilitador em decisões de grande impacto, um conselheiro em momentos de incerteza e um mediador entre o tangível e o simbólico.

Testemunhei clientes que percorreram inúmeros imóveis até encontrarem aquele que ressoava com seus anseios mais profundos, muitas vezes não o mais suntuoso ou o mais caro, mas aquele que estabelecia uma conexão genuína com o estilo de vida desejado. E houve aqueles que tomaram a decisão na primeira visita, impulsionados por uma sintonia emocional que precedeu a análise racional. Compreender essa dinâmica revela a natureza intrinsecamente emocional do mercado de alto padrão.

Ao abordar o cenário do mercado, é imprescindível destacar São Luís, capital do Maranhão, que se consolida como um polo promissor no segmento de imóveis de alto padrão no Nordeste. O crescimento urbano, o fortalecimento da economia local e a crescente busca por qualidade de vida impulsionam o surgimento de empreendimentos sofisticados, condomínios exclusivos e projetos de alto valor agregado. Aqui, o luxo se entrelaça com a rica cultura, o valioso patrimônio histórico e a exuberante beleza natural da cidade.

Bairros como Calhau, Renascença, Ponta d'Areia e Península exibem uma valorização contínua, caracterizada por imóveis que harmonizam sofisticação, localização estratégica e segurança. Investidores perspicazes já reconheceram o potencial de São Luís, onde o desenvolvimento imobiliário acompanha a demanda de um público cada vez mais exigente. O mercado amadurece, com empreendimentos que primam pelo *design* inovador, pelo conforto e pela experiência de bem-viver.

Ademais, o Maranhão abriga um tesouro natural de reconhecimento internacional: os Lençóis Maranhenses, um destino de beleza ímpar. As oportunidades de investimento na região expandem-se exponencialmente, com destaque para resorts exclusivos, pousadas charmosas, loteamentos planejados e condomínios voltados para o turismo de alto padrão. Localidades como Santo Amaro, com sua serenidade e acesso direto às lagoas, e Atins, com seu charme rústico e atratividade global para os amantes do *kitesurf* e do ecoturismo, tornam-se alvos de investidores atentos às tendências que unem beleza natural e potencial imobiliário.

Nos Lençóis, a experiência transcende a mera hospedagem, transformando-se em uma imersão na natureza e em exclusividade. Empreendimentos bem concebidos nessa região não são apenas negócios lucrativos, mas também catalisadores da transformação econômica e turística local. Investir nessa localidade significa não apenas adquirir uma propriedade, mas integrar uma nova rota de turismo de luxo com potencial para se tornar referência mundial.

Essa expansão para áreas de interesse turístico reforça o papel do corretor de alto padrão como um profissional que não se limita à venda de imóveis, mas que compreende profundamente o território, suas vocações e suas inúmeras possibilidades. Afinal, comercializar um terreno em Atins ou uma residência à beira da Lagoa da Gaivota é vender um estilo de vida, é oferecer ao cliente uma experiência que se inicia muito antes da formalização do contrato.

Hoje, minha compreensão é de que minha missão ultrapassa a corretagem: trata-se de construir um legado. Um legado de confiança inabalável, de relacionamentos sólidos e influência positiva no mercado. E um legado dessa magnitude não se edifica apenas com transações comerciais bem-sucedidas, mas com valores éticos, atitudes exemplares e a capacidade de transformar cada interação com o cliente em uma experiência verdadeiramente memorável.

Legado também é inspirar outros profissionais, demonstrar que a prosperidade é plenamente compatível com a ética, a qualidade e a empatia. É mostrar que o crescimento não exige atropelar princípios e que é possível tornar-se uma referência sem perder a conexão com a essência do negócio. O mercado imobiliário anseia por bons exemplos, e cada um de nós tem o potencial de personificar esse exemplo em nossa prática diária.

Portanto, jamais subestime o poder de seu posicionamento. A forma como você se apresenta, sua eloquência, seu vestuário e seu comportamento – todos esses elementos moldam a percepção do cliente e definem seu espaço no mercado. No segmento de alto padrão, o corretor não é apenas um prestador de serviços: ele se torna parte integrante da marca que o cliente está prestes a adquirir.

Em suma, para prosperar nesse mercado exigente, o foco não deve recair sobre o imóvel em si, mas sobre o valor que ele representa – o valor percebido, o valor sentido, o valor que verdadeiramente transforma a vida do cliente –, porque, ao final, não estamos vendendo meras propriedades: estamos entregando a materialização de conquistas, e isso, meus amigos, transcende qualquer valor monetário.

"No mercado de luxo, quem vende imóvel é comum. Quem entrega valor é inesquecível."

Mario Tullio

Mateus Freitas

Sou Mateus Freitas, casado com a Camila Madureira, corretora, fundadora e sócia da Mafre Imóveis, e pai da Isabella e do Bernardo. Atualmente, sou CEO e fundador da Mafre Imóveis, uma imobiliária que nasceu com o propósito de ser disruptiva, inovadora e desafiadora quando o assunto é transformar o mercado imobiliário.

Posso dizer que o verdadeiro *start* aconteceu há cerca de seis anos, quando tomei a decisão de nichar meu atendimento em dois bairros. Na época, ouvi de todos os lados: "Você vai quebrar, tem que atender todos os bairros!". Mas segui minha intuição e acreditei no meu projeto. Hoje, somos especialistas reconhecidos em vendas e, principalmente, em proporcionar experiências únicas para nossos clientes.

Tenho 24 anos de estrada no mercado imobiliário. Saí do fundo do poço e construí uma trajetória marcada por muito trabalho, resiliência e visão. A Mafre Imóveis é o reflexo disso: uma empresa de destaque, com um perfil arrojado e uma cultura voltada para a excelência — tanto no que entregamos a nossos clientes quanto na forma como nos relacionamos com nossos colaboradores.

mateus.mafreimoveis

+55 (31) 98385-6445

22 LUXO ALÉM DA VENDA, CRIANDO EXPERIÊNCIAS ÚNICAS

Por Mateus Freitas

A capacidade de surpreender e encantar os clientes está nos detalhes e nas conexões que criamos durante a jornada de compra e venda. Superar as expectativas do cliente, criando momentos memoráveis, fortalecerá tanto você, corretor autônomo, quanto sua empresa.

Quando os clientes percebem que você se conecta com eles por meio do *lifestyle*, tom de voz e entendendo suas dores, dúvidas e desejos, tudo se torna mais fluido e interessante. Entender suas preferências e necessidades faz com que eles se tornem mais leais, e seu posicionamento contribui para essa fidelização. Com isso, os clientes o indicam e retornam para comprar de você. O posicionamento precisa estar alinhado ao produto que você oferece.

A venda nada mais é do que uma relação de confiança entre as partes. Ao oferecer uma comunicação mais luxuosa e um posicionamento claro, conseguimos proporcionar a exclusividade, que se relaciona com ser único e especial. Isso aumenta generosamente a percepção de valor e diferenciação no mercado. O foco está em sua disposição para evoluir e alcançar esse reconhecimento.

Você é sua marca, e essa marca precisa ser desejada. O cliente precisa entender que você é único e, quando pensar em comprar, vender ou indicar, só se lembrará de você. Tudo isso vem de dentro para fora. Estabelecer uma cultura forte faz com que o legado se propague, e não existe propaganda mais poderosa que a indicação e a memória afetiva.

MAFRE
IMÓVEIS
NOS ACOMPANHE:

Hoje, dentro da Mafre Imóveis, todos somos um. Desde a entrada do cliente até a maneira como o servimos, cada detalhe, como o modelo de vídeos, já criou uma identidade. Com base nessa experiência interna, os clientes querem viver esses momentos. Aqui, partilhamos, cozinhamos juntos, brindamos e vibramos a prosperidade. O cliente se sente integrado a essa comunidade.

O que chamamos de "luxo além da venda" vai muito além do funcional e do transacional, promovendo uma troca que envolve exclusividade, autenticidade e sofisticação. E, não menos importante, o que mais gosto e tenho propriedade para falar: o estilo de vida. Eu vivencio 100% do meu dia em minha marca pessoal e minha empresa. Elas estão presentes em todos os lugares que frequento. Eu sou a minha empresa ambulante. E por que estou falando isso? Porque o desejo vai além de estar, é uma questão de pertencimento. No meu nicho de mercado, estabeleci um reconhecimento de marca por meio desse *lifestyle* que não prego, mas represento. A verdade fala por si só. Portanto, estabeleça sua verdade e vivencie-a. Você será visto e desejado.

Esse mercado está estruturado para um conceito de experiência total, o que pode incluir desde eventos exclusivos até serviços de *concierge* personalizados.

A Mafre Imóveis estrutura processos que nos permitem ter uma grande percepção de valor no mercado. Isso ocorre a partir do momento em que criamos e executamos um serviço de *concierge*, cujo propósito é promover ao cliente uma experiência imersiva em todos os processos de compra e venda, fazendo-o se sentir superespecial. Após toda essa experiência, oferecemos o serviço de agendamento de mudança para o cliente, cuidamos de toda a logística e até mesmo oferecemos uma equipe de *personal organizer*. Todas as caixas de mudança são personalizadas com a logo da empresa, gerando valor e fidelizando o cliente. Além disso, essas caixas circulam pelos prédios e são vistas por outros possíveis clientes. Afinal, como tudo na vida, isso também é *marketing*.

Pensando no pós-venda, a experiência continua. Temos algumas experiências ainda mais fantásticas, que trazem o fator surpresa, encantamento e fascínio, superando as expectativas futuras.

À frente da Mafre Imóveis, sou extremamente comprometido em criar experiências. Não poupo esforços para que os clientes se sintam especiais. Algumas das experiências que criei nos últimos anos foram peças fundamentais para nosso crescimento e posicionamento no mercado de luxo. Um exemplo disso é o ambiente de trabalho. Criei ambientes inspirados em experiências, como uma empresa na qual o cliente chega e se depara com uma adega com rótulos de vinhos fantásticos, uma recepção que parece uma sala de casa, compartilhada com espaço *gourmet*. Além disso, temos telas gigantes de imersão em LED, que tornam a experiência ainda mais especial, com o nome do cliente e fotos e vídeos do imóvel que ele está adquirindo.

Sempre atento e presente nesse mercado, focado 100% no cliente, seja ele comprador ou vendedor, por muitos anos questionei e tive a convicção de que uma transação imobiliária não se resume a um simples "comprei e vendi", sem mais interação. A vida é uma grande partilha e evolução. Sempre tive a essência de compartilhar, receber e conectar momentos. Há alguns anos, decidimos mudar o formato da imobiliária, proporcionando eventos nos quais compradores e vendedores se encontrassem, trocando experiências. Há exatos quatro anos, fizemos nossa primeira festa junina Mafre, na qual enxergamos uma grande oportunidade de colocar os clientes juntos, trazendo uma conexão e um senso de comunidade, em que a troca de experiências ocorre o tempo todo, e em que os possíveis compradores podem compreender a cultura da Mafre Imóveis.

Esse evento tomou uma proporção extraordinária, criando visibilidade e uma percepção de valor para toda a comunidade. Fechamos a rua onde a imobiliária está localizada, em Belo Horizonte/MG e oferecemos uma festa junina anual gratuita, com *show* ao vivo e um churrasco de fogo de chão, preparado por um dos mais renomados churrasqueiros do Brasil. Neste ano, de 2025, estamos na 4ª edição, e o ponto de contato entre os clientes se tornou ainda mais espetacular. É um momento em que vendedores e compradores se reencontram e podem conversar sobre a vida.

O luxo está presente a todo momento, especialmente na percepção de que o cliente se sente integrado e acolhido. A experiência precisa ser a melhor. Esses eventos acontecem para que o cliente esteja mais presente, para que se sinta sempre especial. E com o objetivo de criar novas oportunidades e possibilidades, fomos estudando e testando o mercado, afinal, é necessário estar disposto a criar, evoluir e se reinventar.

Esteja disposto a evoluir sempre.

“Lembre-se de uma coisa: quem dorme, sonha!”

Mateus Freitas

Northon Grecco de Assunção

Sou Northon Grecco de Assunção, corretor de imóveis com mais de dez anos de atuação no litoral catarinense, especialmente em Balneário Camboriú/SC e Praia Brava de Itajaí/SC. Há três anos, fundei a Vivéro Imóveis, imobiliária boutique especializada em imóveis de alto padrão. Alcanço resultados expressivos em vendas com uma metodologia que une persistência, organização e escuta ativa.

Meu trabalho é consultivo, focado em posicionamento e *marketing* estratégico. Tornei-me também investidor, adquirindo imóveis com o mesmo critério que utilizo para orientar meus clientes. Procuro evoluir constantemente para entregar sempre o melhor – aos meus clientes e ao meu negócio.

northongrecco

viveroimoveis

+55 (47) 99732-4923

northongrecco@hotmail.com

northongrecco@viveroimoveis.com.br

MANUAL DO CORRETOR DE LUXO

23 COMO GERAR VALOR REAL NO MERCADO DE LUXO

Por Northon Grecco de Assunção

No mercado imobiliário de luxo, a decisão de compra vai muito além de números e dados técnicos. Ela envolve desejos, estilo de vida, visão de futuro e uma carga emocional que precisa ser compreendida com sensibilidade. Comprar um imóvel de alto padrão não é simplesmente adquirir um bem – é escolher onde viver momentos únicos, consolidar conquistas e projetar os próximos passos de uma história. Por isso, quem atua nesse segmento não vende propriedades: conecta pessoas com possibilidades que realmente façam sentido para suas vidas.

Com mais de uma década de experiência atendendo clientes de alto padrão e, mais recentemente, investindo com o mesmo critério com que recomendo imóveis a meus clientes, compreendi que a chave para alavancar vendas está em unir profundidade no atendimento, inteligência de apresentação e posicionamento digital bem estruturado. Aprendi que a proposta de valor não está apenas no imóvel em si, mas na forma como ele é comunicado. No alto padrão, forma e conteúdo caminham juntos.

O que vejo com frequência no mercado, no entanto, é uma abordagem rasa, repetitiva e desconectada da realidade do cliente de luxo. Muitos profissionais ainda utilizam PDFs genéricos, propostas padronizadas e uma comunicação técnica, fria, que não leva em consideração a jornada, o momento ou o perfil emocional de quem está comprando. E o resultado disso é o distanciamento. O cliente percebe quando está sendo tratado como "mais um". E, no mercado de alto padrão, essa percepção afasta, não aproxima.

Além disso, o uso do *marketing* digital tem sido mal-interpretado. Estar presente nas redes não significa estar bem-posicionado. Muitos corretores postam com frequência, mas sem intenção estratégica. Falam sobre imóveis, mas não falam com o cliente. Exibem números, mas não constroem conexão. E é aí que a autoridade digital deixa de existir. O cliente vê, mas não sente segurança. E onde não há confiança, não há venda – por mais espetacular que o imóvel seja.

Essa ausência de personalização e de posicionamento digital bem-direcionado leva a um cenário preocupante: imóveis valiosos se tornam comuns, propostas não geram impacto e *leads* qualificados simplesmente esfriam. O corretor, mesmo com um ótimo portfólio, vê-se preso em um ciclo de tentativas frustradas, porque não conseguiu criar uma proposta que despertasse desejo, alinhamento e, principalmente, significado.

Foi diante desse panorama que desenvolvi uma metodologia própria, fundamentada em três pilares: escuta ativa, inteligência de dados e apresentação estratégica. Tudo começa ao compreender, de forma profunda, quem é o cliente – o que ele busca, o que o motiva e qual história deseja construir. Mais do que questionar sobre metragem ou número de dormitórios, é necessário captar intenções, valores e até receios não verbalizados. A escuta ativa, quando aplicada com sensibilidade e atenção aos detalhes, revela o que realmente importa. Um corretor de excelência é, antes de tudo, um leitor de pessoas – e é dessa percepção qualificada que nasce uma proposta verdadeiramente personalizada, capaz de gerar a conexão e de conduzir com precisão à tomada de decisão.

Com base nessa escuta, aplico ferramentas de análise de dados, segmentação digital e comportamento de audiência para desenhar uma comunicação que faça sentido. Não se trata apenas de fazer anúncios: trata-se de fazer os anúncios certos, para as pessoas certas, no momento certo. Cada contato é tratado como uma oportunidade única, e não como mais um número na planilha.

A proposta apresentada ao cliente, nesse modelo, deixa de ser um simples material e se torna uma experiência. Cada apresentação que faço é construída com base no que aquele cliente valoriza. Os textos são redigidos com a linguagem dele, as imagens são selecionadas para gerar identificação e os argumentos são elaborados para fazer sentido de forma emocional e estratégica. Em vez de enviar um PDF impessoal, crio uma jornada digital de encantamento, em que o cliente se vê naquele imóvel antes mesmo de visitá-lo.

E se o cliente disser que já comprou ou que desistiu? A oportunidade continua. Agradeço, peço indicações e proponho manter o relacionamento pelas redes sociais. Em cada contato, existe uma nova possibilidade – e é nosso papel reconhecê-las. Se o imóvel não fez sentido, pergunto o que faltou e busco entender os critérios que realmente importam. Isso me permite apresentar novas opções com mais assertividade, respeitando o tempo e o perfil de quem está do outro lado.

Outro ponto essencial é o posicionamento digital. Hoje, minha marca pessoal comunica autoridade antes mesmo da primeira conversa. O cliente que chega até mim já teve contato com meu conteúdo, já viu a forma como me posiciono, já compreendeu meus valores. Isso encurta o ciclo da negociação e eleva o nível de confiança desde o primeiro contato. Ser lembrado como referência é mais poderoso do que ser apenas visto. E é essa lembrança, construída com consistência, que me permite gerar mais resultados.

Essa postura também se traduz na cultura interna da minha imobiliária. Na Vivéro, somos poucos — e muito eficientes. Trabalhamos com alta *performance* como regra. Organização, disciplina, visão estratégica e compromisso são pilares inegociáveis. A proposta tem que ser preparada, não se espera o cliente enviar. Nós é que sugerimos possibilidades, ajudamos a formatar o negócio, criamos alternativas, antecipamos movimentos. Não podemos deixar nenhuma oportunidade passar: se o cliente gostou, a proposta deve ser formalizada no mesmo dia.

Na Vivéro, estabelecemos um padrão claro: excelência não é uma meta, é a base. Trabalhamos com corretores focados, que entregam recorrência e constroem reputação por meio de atitudes diárias. A disciplina está em cada detalhe: agendar com antecedência, chegar antes do horário da visita, preparar o ambiente para a melhor primeira impressão possível — porque sabemos que, no mercado de luxo, a primeira impressão pode ser a última chance.

Incentivo constantemente minha equipe a ir além. Isso significa montar um material exclusivo antes mesmo de o cliente pedir, produzir vídeos com drones para mostrar a vista real de um imóvel ainda na planta, criar fluxos de pagamento claros, contatar a construtora em busca de condições diferenciadas e manter relacionamento ativo com parceiros estratégicos. Isso é fazer o que a maioria não faz – e é assim que saímos do lugar comum e conquistamos resultados fora da curva.

Ensinamos a não esperar o cliente fazer a proposta: nós a construímos. Apresentamos alternativas, sugerimos valores, criamos cenários, propomos movimentos. Sempre perguntamos: "Posso enviar essa proposta?", porque é nosso papel conduzir, não apenas acompanhar. E, como dito anteriormente, nunca deixamos uma oportunidade esfriar: se o cliente gostou, formalizamos a proposta no mesmo dia.

Muitas vezes, o que separa um bom resultado de uma venda perdida é a forma como lidamos com a objeção. Quando o cliente hesita, é nossa responsabilidade entender a origem da dúvida e conduzir com empatia e conhecimento. Utilizo *storytelling* para contar casos reais, mostrar soluções alternativas, resgatar experiências de clientes semelhantes. Não imponho, mas conduzo. Não argumento, mas entrego perspectivas. A proposta inicial raramente fecha o negócio – o diferencial está em aproximar as partes com inteligência e criar contrapropostas estratégicas que mostrem caminhos viáveis.

Em momentos de dificuldades – sejam emocionais, financeiras ou espirituais – reforço à minha equipe a importância de se manter firme, se cuidar, buscar ajuda e renovar o propósito. Sempre digo: se estivermos fazendo o que tem que ser feito, a justiça de Deus não falhará. E quando a energia individual estiver baixa, é melhor recarregar do que contaminar o coletivo. A autoconfiança é construída em silêncio, mas se expressa nos resultados. Por isso, faço questão de lembrar que nossa força está na entrega – e que nenhuma fase difícil resiste ao trabalho bem-feito.

Outro ponto que reforço com minha equipe é que o corretor de luxo não deve apenas conhecer imóveis: ele precisa dominar negociação, ter postura de liderança e manter constância no relacionamento com cliente e construtora. O profissional que deseja se destacar precisa agir com mentalidade consultiva: fazer o cliente refletir, apresentar caminhos que ele não viu, antecipar dúvidas, traduzir números em soluções – tudo isso com leveza, verdade e visão. Vender, nesse mercado, é consequência de quem gera valor com consistência.

Além disso, acredito que o corretor de alto padrão deve se enxergar como parte essencial da jornada do cliente. E isso vai muito além do fechamento de uma venda. Trata-se de ser presença, referência e ponte entre o desejo e a realização. Ter visão de longo prazo, cultivar relações duradouras e estar preparado para entregar valor antes, durante e depois do negócio.

É por isso que, na minha rotina, trago elementos que muitas vezes não são vistos como parte do processo de venda – mas são. A leitura diária, o cuidado com a saúde física e mental, a espiritualidade, o tempo com a família, as viagens que recarregam e expandem a mente, o *networking* intencional. Tudo isso constrói a clareza, a sensibilidade e a energia necessárias para atender com excelência e constância. Viver bem me faz vender melhor.

No fim, o cliente escolhe quem entrega mais valor, não quem fala mais bonito. Resultado é reflexo de presença, propósito e prática constante. E profissionalismo é ação constante, não apenas discurso pontual.

O corretor que deseja alcançar outro patamar precisa entender que estar presente não é o bastante – é preciso ser lembrado pelo impacto que gera, pela clareza que transmite e pela confiança que constrói. O sucesso no alto padrão não acontece por acaso, ele é cultivado todos os dias, nos bastidores e na linha de frente.

"A proposta irresistível não nasce de um modelo pronto. Ela nasce da escuta ativa, da estratégia e da verdade – e transforma intenção em decisão."

Northon Grecco de Assunção

Patrícia Musa

Patrícia Musa é uma empresária vibrante e apaixonada pelo que faz. Natural de São Paulo e residente em Miami/EUA desde 1998, fundou a Musa Realty Company, uma imobiliária boutique em Sunny Isles Beach, onde atua há mais de dezoito anos no mercado de luxo e investimentos para estrangeiros na Flórida.

Com formação sólida e larga experiência internacional, Patrícia é conhecida por sua abordagem alegre, comunicativa e focada em resultados, e por oferecer um atendimento trilíngue (inglês, espanhol e português) e personalizado. Mais do que imóveis, ela proporciona acesso a um *lifestyle* sofisticado, transformando sonhos em realidade com leveza e profissionalismo.

patriciamusa.miami

+1 (305) 351-6059

www.musarealty.com

patricia@patriciamusa.com

patricia-musa-miami-broker

Patrícia Musa . Miami & Orlando
Broker by MUSA REALTY
wa.me/13053516059
WhatsApp Business Account

24 O NOVO EPICENTRO DO ULTRALUXO GLOBAL

Por Patrícia Musa

Desde muito jovem, entendi que o mundo era maior do que os limites que me cercavam. Sempre enxerguei possibilidades além das fronteiras geográficas. E foi essa visão global que guiou minha trajetória.

Formada em Administração e Marketing no Brasil, com MBA em Comércio Internacional pela Universidade de São Paulo (USP), iniciei minha jornada com a convicção de que negócios não têm idioma fixo, mas, sim, uma linguagem universal: estratégia, confiança e excelência.

Minha história se entrelaça com a de Miami desde 1998. Foi nessa cidade que construí raízes e identifiquei oportunidades quando muitos viam apenas incertezas. Em 2007, obtive minha licença como corretora imobiliária e, no ano seguinte, em meio à maior crise do setor nos Estados Unidos, fiz meu primeiro investimento estratégico — escolhi estudar, entender e agir. Enquanto muitos recuavam, eu avançava.

Quando os brasileiros começaram a descobrir o potencial de investir em imóveis nos Estados Unidos, fui procurada por dezenas de famílias, empresários e investidores que buscavam mais do que ativos. Eles queriam proteção patrimonial, rentabilidade em dólar e qualidade de vida.

Foi assim que nasceu a Musa Realty Company, uma imobiliária boutique com sede em Sunny Isles Beach, uma das regiões mais valorizadas de Miami. Ao conquistar minha licença de *broker*, transformei minha atuação em uma consultoria completa e personalizada. Um serviço trilíngue (inglês, espanhol e português) que integra assessoria jurídica, tributária, imigratória, arquitetônica e financeira, o que chamamos de *one-stop shop*.

Consolidei minha carreira com base em consistência, visão estratégica e ética. Cada conquista veio do trabalho real, da construção de relações de confiança e da busca contínua por excelência. Fui reconhecida por veículos midiáticos como *Veja*, *Exame*, *IstoÉ* e plataformas que acompanham de perto o setor de alto padrão.

Hoje, além de intermediar imóveis, entrego tranquilidade, segurança financeira e bem-estar. Traduzo expectativas em conquistas reais e ajudo meus clientes a realizarem seus planos de vida com inteligência, sofisticação e visão de futuro.

Estar em Miami há mais de duas décadas me permitiu acompanhar e viver ativamente essa profunda revolução. Uma cidade que, assim como minha própria trajetória, evoluiu de promessa a potência global.

Vivemos um momento histórico, talvez o mais transformador das últimas décadas. Uma cidade que já simbolizava o luxo tropical, com suas praias ensolaradas e mansões à beira-mar e torres com vista para a Baía de Biscayne, passou por uma metamorfose definitiva. Hoje, Miami se consolidou como o novo epicentro do ultraluxo global.

Essa transformação é estrutural. Mudou a forma como os empreendimentos são concebidos, lançados, valorizados e desejados. O novo perfil de comprador – exigente, sofisticado e global – busca mais do que localização: busca expe-riências, exclusividade e pertencimento.

Marcas como St. Regis, Bentley, Mercedes-Benz, Pagani, Dolce & Gabbana, Waldorf Astoria, Armani Casa, Cipriani, Baccarat e Aston Martin agora assinam projetos em Miami. Esses empreendimentos transformam o *skyline* da cidade e reescrevem o conceito de viver bem. São residências que oferecem uma imersão completa no universo das marcas: serviços de hotelaria, *spas* internacionais, marinas privativas, restaurantes assinados por *chefs*, helipontos, galerias de arte, estúdios de gravação e experiências sob demanda. Viver em uma *branded residence* é adotar um estilo de vida exclusivo, no qual tudo é pensado para encantar, proteger e servir com excelência.

O mercado também evoluiu. Se antes o luxo começava a partir de US$ 1 milhão, hoje o ultraluxo parte dos US$ 5 milhões, com coberturas que ultrapassam facilmente os US$ 20 milhões. O metro quadrado nos empreendimentos mais sofisticados já ultrapassa os US$ 2.800.

Pesquisas apontam que, entre 2019 e 2024, as vendas de imóveis acima de US$ 10 milhões cresceram 248%. Em 2023, Miami liderou a valorização do mercado de luxo nos Estados Unidos, com média anual de 6,5%, um marco para um segmento que já parte de valores elevados. E o diferencial? Aqui, valorização patrimonial vem acompanhada de um estilo de vida vibrante e único.

Mais de 12 projetos de *branded residences* foram anunciados apenas em 2024. E a previsão é que esse número continue crescendo em ritmo acelerado até 2026, com uma média estimada de 12% ao ano. Esse crescimento imobiliário caminha em perfeita sintonia com o avanço econômico de Miami, que hoje é vista como uma das cidades mais dinâmicas e prósperas da América do Norte. Fontes também apontam que, mais de US$ 4,6 bilhões em investimentos privados foram injetados na cidade apenas em 2023. E esse movimento não é aleatório: ele é resultado de um planejamento urbano e econômico consistente, que criou um ambiente fértil para negócios, tecnologia, turismo, arte e, claro, *real estate*.

Setores como *fintech*, saúde, inovação, biotecnologia e tecnologia da informação explodiram nos últimos cinco anos. Miami deixou de depender apenas do turismo e do mercado tradicional de segunda residência. A cidade se reinventou como um *hub* de negócios internacionais. Empresas como Google, Microsoft, Spotify, Amazon, Citadel, Blackstone e Founders Fund estabeleceram escritórios ou centros operacionais na cidade. Esse influxo de capital e talentos altamente qualificados fez disparar a procura por imóveis de alto padrão em bairros estratégicos, como Brickell, Edgewater, Coconut Grove e Miami Beach.

Miami reflete com precisão o ciclo virtuoso da economia estadunidense após a crise de 2008. Enquanto o país traçou uma curva ascendente de recuperação econômica, reduzindo sua taxa de desemprego de 10% para menos de 4% em 2023 e expandindo o PIB em mais de 55% no mesmo período, o mercado imobiliário da cidade acompanhou e, em muitos casos, superou esse crescimento. Desde que comecei a atuar como corretora, tive a oportunidade de presenciar, com clareza, a escalada de valorização dos imóveis em regiões-chave.

Para ilustrar, um apartamento no condomínio Icon South Beach, lançado nos anos anteriores à crise, podia ser adquirido por cerca de US$ 700 mil em 2008. Hoje, unidades semelhantes são negociadas por valores entre US$ 2,5 milhões e US$ 3 milhões, dependendo da vista e da planta. Já um apartamento de frente para o mar no Trump Palace, em Sunny Isles Beach, que em 2009 custava aproximadamente US$ 850 mil, atualmente ultrapassa os US$ 2,8 milhões. E, no famoso Apogee South Beach, uma unidade de quatro dormitórios avaliada em US$ 4 milhões em 2010, hoje não sai por menos de US$ 9 milhões. Em todos esses casos, o crescimento percentual superou amplamente o retorno médio de aplicações tradicionais em renda fixa ou mesmo no índice S&P 500, com a vantagem adicional da rentabilidade em dólar e da segurança patrimonial.

Essa valorização reflete um conjunto de fatores: a atratividade fiscal da Flórida, o avanço da infraestrutura urbana, a migração de capital estrangeiro, a chegada de empresas de tecnologia e a solidez institucional estadunidense. O mercado imobiliário, nesse contexto, funcionou não apenas como abrigo seguro para investimentos em tempos de incerteza, mas como uma alavanca concreta de geração de riqueza a longo prazo.

A relação entre crescimento econômico e valorização imobiliária se reflete também nas taxas de ocupação, na escassez de inventário e nos índices de retorno sobre aluguel de curta e longa duração. De acordo com dados apurados, a valorização dos imóveis residenciais foi superior a 34% entre 2020 e 2023. Já o número de transações realizadas por estrangeiros cresceu mais de 25% no último ano, com o Brasil entre os maiores compradores internacionais.

O mercado imobiliário de Miami tem se mostrado resiliente diante das oscilações econômicas globais. Comparado a investimentos como renda fixa no Brasil ou ações de risco, imóveis de luxo em Miami oferecem uma relação mais equilibrada entre segurança e retorno, com a vantagem de gerar renda em dólar e acesso a uma jurisdição confiável.

Outro fator de destaque é o ambiente fiscal. A ausência de imposto estadual sobre a renda na Flórida, somada a uma postura governamental voltada ao empreendedorismo, cria uma estrutura pró-negócios sólida. O prefeito Francis Suarez tem sido um dos principais catalisadores desse movimento, com apoio do governador Ron DeSantis, posicionando Miami como o centro nervoso das decisões estratégicas do novo século.

Miami já ultrapassou a fase de promessa. Hoje, representa o cruzamento entre *lifestyle*, segurança jurídica, rentabilidade e projeção global. Investir nessa cidade não se relaciona a apenas adquirir um imóvel: é se posicionar estrategicamente em uma das regiões mais dinâmicas e resilientes do mundo.

Ao longo da minha trajetória, aprendi que o verdadeiro luxo não está apenas nos imóveis que vendemos, mas nas histórias que ajudamos a construir. Comecei com coragem e, muitas vezes, com dúvidas, porém com uma certeza inabalável: a de que a excelência nasce da constância, e que reputação se constrói longe dos holofotes, mas perto da verdade.

Hoje, mais do que corretora, sou ponte. Ponte entre sonhos e realizações, entre o Brasil e, os Estados Unidos, entre quem acredita no impossível e quem tem coragem de fazer acontecer. A *Musa Realty* é reflexo de uma jornada vivida com propósito. E se você, assim como eu, acredita que vender imóveis é transformar vidas, saiba: sempre há espaço para mais uma grande história nesse mercado. Talvez a próxima seja a sua.

BIBLIOGRAFIA

EXAME. Boa fase brasileira ativa mercado imobiliário de luxo em Miami. *Exame*, 13 maio 2011. Disponível em: https://exame.com/invest/minhas-financas/boa-fase-brasileira-ativa-mercado-imobiliario-de-luxo-em-miami-2/. Acesso em: 26 maio 2025.

INFO MONEY. Mercado imobiliário de Miami atrai brasileiros em busca de descanso e oportunidades. *InfoMoney*, 10 maio 2011. Disponível em: https://www.infomoney.com.br/mercados/mercado-imobiliario-de-miami-atrai-brasileiros-em-busca-de-descanso-e-oportunidades/. Acesso em: 26 maio 2025.

EXAME. Empresa aposta no interesse dos brasileiros por 'casas de marca' em Miami. *Exame*, 23 mar. 2025. Disponível em: https://exame.com/bussola/com-condominio-5-estrelas-empresa-aposta-no-interesse-dos-brasileiros-por-casas-de-marca-em-miami/. Acesso em: 26 maio 2025.

INFO MONEY. Quantidade de brasileiros que investe em Miami dobra, mas vale a pena aplicar lá? *InfoMoney*, 23 nov. 2015. Disponível em: https://www.infomoney.com.br/onde-investir/quantidade-de-brasileiros-que-investe-em-miami-dobra-mas-vale-a-pena-aplicar-la/. Acesso em: 26 maio 2025.

“Miami não é mais promessa: é potência global. E nós estamos na linha de frente dessa transformação.”

Patrícia Musa

Priscila Hertel

Sou Priscila Hertel, natural de Blumenau/SC, corretora de imóveis apaixonada pela profissão. Busco sempre estar atenta às tendências do mercado imobiliário mundial, sendo que fiz minha primeira imersão de luxo em Miami (EUA), quando tinha apenas seis meses na área. Hoje resido em Goiânia /GO e pretendo deixar um legado de experiência e autenticidade no que diz respeito ao mercado de luxo.

Minha decisão de entrar no mercado imobiliário veio após eu ter me curado de um câncer em 2017, somado ao que tinha vivido até então: me vi podendo fazer a diferença na vida das pessoas, de uma forma positiva e genuína.

Dedico este capítulo com carinho à minha família, amigos próximos e a todos os meus clientes.

priscilahertel.city
+55 (47) 99935-8370
+55 (62) 98183-0003
Priscila Hertel

25 IMÓVEIS DE LUXO E A TENDÊNCIA DE SUSTENTABILIDADE

Por Priscila Hertel

O conceito de luxo tem se transformado ao longo das décadas, especialmente em um mundo em que a conscientização sobre os impactos ambientais é cada vez mais crescente. Até pouco tempo atrás, a ideia de luxo estava ligada à ostentação, projetos suntuosos e exacerbados quanto ao consumo deliberado de recursos e sem compromisso com a natureza. No entanto, uma nova tendência tem aparecido com maior frequência, mesclando sofisticação e exclusividade com práticas sustentáveis. Agora, o luxo não é apenas sinônimo de materiais raros ou *design* exuberante, mas também de respeito aos recursos da natureza e responsabilidade ambiental.

Nos dias atuais, consumidores de alto poder aquisitivo começam a exigir uma nova visão do mercado imobiliário no que diz respeito à transformação de valores. As práticas sustentáveis deixaram de ser uma tendência secundária e passaram a ter protagonismo quando se busca o sucesso nos empreendimentos. Entender como isso funciona fará com que essa mescla entre sustentabilidade e luxo revele e molde um futuro promissor para as áreas de arquitetura, *design* e o desenvolvimento do setor imobiliário mundial.

A crise ambiental que o mundo enfrenta exige ações mais rápidas, e que tenhamos consciência do uso dos recursos naturais. O setor imobiliário, que historicamente foi responsável por grande parte das emissões de gases de efeito estufa, agora se vê diante de uma escolha desafiadora: continuar com práticas tradicionais de construção ou adotar novas maneiras de mitigar o impacto ambiental. As construções de luxo, por vezes, estão no centro desses debates, pois são as que mais utilizam recursos não renováveis em todas as etapas do processo.

O fato é que, por muito tempo, o luxo foi associado ao desperdício, com construções magnânimas e recursos insustentáveis, geração e gastos de energia altamente onerosos e ineficientes, resultando em sistemas de climatização e tecnologia cada vez mais ultrapassados. Hoje, em um mundo cada vez mais preocupado com o futuro e com a preservação ambiental, isso não é mais aceito.

Existe também um desequilíbrio entre as novas gerações de consumidores, que buscam muito mais um estilo de vida saudável do que antigamente, quando o luxo, além da suntuosidade dos projetos, vinha ligado diretamente à cultura de fartura em todos os âmbitos.

Atualmente, ganham muito mais destaque empresas que demonstram, em seus projetos, preocupação com o planeta. E isso passou de tendência para um hábito comum, pois aquelas que forem resistentes em preservar o planeta de alguma forma precisará rever seus conceitos se quiser continuar com as portas abertas.

A resistência do mercado imobiliário de luxo em adotar práticas sustentáveis pode gerar consequências mais graves. Há uma crescente desconexão entre as gerações mais jovens e os padrões antigos de consumo. Elas buscam coerência entre o que compram e o impacto ambiental do que é descartado, atribuindo mais valor a tudo que tenha a sustentabilidade como base – inclusive na escolha de grandes imóveis, cada vez mais questionados pela pressão ambiental em diversas esferas.

O impacto ambiental das construções de luxo pode ser profundo. Por anos, esse setor impulsionou a extração de recursos naturais raros, como mármore, pedras e madeiras nobres. Hoje, porém, o público desse mercado entende sua responsabilidade e rejeita produtos que alimentam esse ciclo predatório, o que reduziu a demanda por projetos sem compromisso ecológico, favorecendo soluções mais conscientes e sustentáveis.

A resistência a esse movimento é a perda de relevância e atratividade no mercado imobiliário de luxo. Os consumidores estão exigindo mais do que *status* e exclusividade: eles querem produtos que alinhem esses atributos à responsabilidade ambiental. Se houver falhas no entendimento dessa demanda, além de quedas significativas nas vendas, provavelmente também se criará um estigma nessas empresas, com maior dificuldade ser revertido ao longo prazo.

Felizmente, o cenário está mudando, e é cada vez mais frequente a participação de arquitetos, engenheiros e *designers* na concepção de projetos que integrem soluções tecnológicas aliadas a práticas sustentáveis, sem comprometer o que os consumidores do mercado de luxo esperam e sem diminuir a sofisticação dos materiais utilizados.

Uma das principais inovações que estão ganhando espaço no mercado de luxo relaciona-se à eficiência energética, como materiais de LED em sistemas de iluminação inteligente e vidros de grande desempenho, de forma que se utilize menos tempo de climatização em estações mais quentes, proporcionando ao mesmo tempo maior conforto e economia.

Todo tipo de energia renovável está diretamente associado ao sucesso dos novos empreendimentos de luxo, como painéis solares, sensores de movimento e de luminosidade. Esses artefatos fazem com que as residências se tornem autossustentáveis, podendo facilmente liderar as práticas verdes e se manter na ponta do que traga soluções de moradia.

A escolha dos insumos é mais um aspecto fundamental quando tratamos de imóveis de luxo e sustentabilidade. Utilizar materiais com baixo impacto ambiental, como vidros recicláveis, madeiras de reflorestamento, pedras naturais que sejam extraídas de forma responsável, está mais presente nas construções de projetos de padrão elevado.

A estética desses projetos de luxo fica longe de ser comprometida e ainda traz muito mais valor ecológico quando são utilizadas técnicas de baixo impacto, fazendo um contraponto entre o que antes era desperdício para agora, quando há melhora até no descarte dos resíduos dessas obras, trazendo a possibilidade de economia no luxo e o planeta levar vantagem nisso.

A sustentabilidade não está limitada apenas à construção do empreendimento em si. Sua "pegada" é atrair *designers* de interiores, que buscam incansavelmente formas de deixar os ambientes com mais luz natural, utilizando cores menos sóbrias, peças recicladas, tecidos orgânicos, entre vários recursos. De uma forma ainda mais original, esse movimento vem valorizando artesãos locais para fazer objetos únicos, revelando um novo significado do luxo. Além disso, os empreendimentos de luxo estão cada vez mais preocupados em trazer o verde para seus projetos – nesse sentido, em vez de introduzir folhagens e árvores que não façam parte daquele cenário, realizam um estudo com pesquisa de campo para aplicar naquele ambiente apenas o que é da flora regional, diminuindo, assim, a manutenção dos espaços verdes nos condomínios.

A sustentabilidade se reflete massivamente nas escolhas dos sistemas de gestão de água e resíduos nos imóveis de luxo. Implementar tecnologias de gestão de recursos hídricos e de resíduos de coleta, como reaproveitar as águas das chuvas para irrigar jardins, áreas de lazer e limpeza de calçadas, além de ser amplamente inteligente e respeitoso com o planeta. Adotar esse tipo de prática não só se reflete em economia de longo prazo como também em um movimento global de cuidado com o futuro, tornando a sustentabilidade de um empreendimento desejada e adotada por todos.

Outra prática que cada vez mais se torna tendência no mercado de luxo é o gerenciamento dos recursos no que tange aos sistemas de automação, que deixou de ser uma realidade apenas nas indústrias e entrou de vez nas propriedades residenciais. Ele atua, por exemplo, no controle de aquecimento, na climatização, nos sistemas de segurança e de iluminação. Com isso, traz-se para os residentes experiências ainda mais confortáveis e personalizadas, desvendando mais uma fatia do mercado de luxo com um ressignificar do cotidiano, transformando a ostentação e a aparência anteriores em um uso maior da inteligência.

O futuro do mercado de imóveis de luxo está claro: luxo e sustentabilidade não são mais conceitos opostos, mas componentes essenciais de um mesmo todo. A capacidade de projetar imóveis que atendam aos mais altos padrões de conforto e *design*, enquanto minimizam o impacto ambiental, não é apenas uma tendência: é uma necessidade que está moldando o futuro do setor.

O que hoje presenciamos, e ainda presenciaremos no futuro, são projetos profundamente envolvidos com a causa ambiental que mesclam luxo e consciência. Na atualidade, percebemos o adensamento demográfico cada vez maior. Porém, é possível desenvolver projetos de altíssimo padrão que atendam às duas frentes: as necessidades dos compradores mais exigentes desse mercado e a preservação do planeta.

À medida que mais consumidores escolhem práticas de consumo consciente, o mercado imobiliário de luxo se vê diante de uma oportunidade única de liderar esse movimento. O luxo sustentável é mais do que uma estratégia comercial: é um novo olhar para as próximas gerações, que poderão desfrutar de um planeta saudável, sem precisar sacrificar os prazeres do estilo de vida moderno.

O luxo será cada vez mais consciente, redefinindo a indústria da construção civil mundial, um novo padrão, um novo comportamento, uma nova forma de viver a elegância, renovando o presente e moldando um futuro cada vez mais promissor e evoluído.

A verdadeira exclusividade agora alinha a sustentabilidade de espaços perfeitos e responsáveis à sofisticação vivenciada e preservada com perpetuidade, fazendo o luxo viver em seu melhor momento.

"Um futuro com elegância e responsabilidade só será possível se o luxo e a sustentabilidade andarem lado a lado, como aliados e não opostos."

Priscila Hertel

Raffa Machado

Meu nome é Raffa Machado, sou carioca, casado e pai da Sofia, de 7 anos. Atualmente, moro em Itajaí/SC. Quando criança, era inquieto e muito curioso sempre buscando descobrir algo novo. Comecei a trabalhar com 18 anos, como vendedor em loja de shopping de alto padrão no Rio de janeiro. Vender sempre esteve no meu sangue, pois meu avô Édimo foi um grande vendedor.

Sou corretor de imóveis desde 2020, especialista em branded residences com VGV de R$ 230 milhões. Com essa bagagem obtive conhecimento no mercado de arquitetura, trabalhando diretamente com marcas renomadas e arquitetos conceituados.

Atuar com vendas exige muito conhecimento em relações humanas - ser apaixonado por pessoas e relações humanas fez toda a diferença em minha vida!

raffa_machadooficial

+55 (47) 99630-5399

26 O INCRÍVEL PODER DAS MARCAS: *BRANDED RESIDENCES*

Por Raffa Machado

Atuo com vendas de empreendimentos assinados desde 2020, quando se iniciaram as vendas do empreendimento Artefacto Towers na Praia Brava de Itajaí/SC. Decidi focar na venda desse produto, porque sabia que trabalhar com uma marca agrega muito valor e é possível dar segurança na decisão de compra, o que me trouxe sucesso absoluto em vendas. Sou conhecido no mercado por ser um corretor de imóveis focado em vender marcas, e foi com esse nicho que mudei de vida.

Inicialmente, fiz diversas abordagens ativas por meio de redes sociais para a divulgação do Artefacto Towers. Meu público inicial eram arquitetos e clientes da Artefacto, fãs da marca, sedentos por algo validado e assinado.

Existe uma enorme demanda reprimida sobre os empreendimentos assinados. Essa certeza de entrega, validação e segurança cria um verdadeiro oásis para os investidores em busca de produtos de qualidade. Vou contar um pouco da história.

O mercado de luxo e a ascensão das *branded residences* no Brasil

Nos últimos anos, o mercado imobiliário de luxo no Brasil passou por uma transformação significativa, impulsionada pela crescente demanda por experiências exclusivas, personalizadas e conectadas ao *lifestyle* de marcas globais de alto padrão. O cliente, além de consumir produtos das prateleiras e cabides, buscava maior contato e, se possível, "morar" dentro daquela bolsa ou roupa. Foi justamente aí que as marcas perceberam que existia um enorme nicho de mercado.

As *branded residences*, ou residências de marca, emergem como um dos segmentos mais sofisticados e desejados do setor, redefinindo o conceito de morar bem e elevando o padrão de luxo residencial no país.

Elas representam uma aliança estratégica entre incorporadoras e marcas renomadas – seja do setor hoteleiro, da moda, do design ou do *lifestyle* – para desenvolver empreendimentos que combinam sofisticação arquitetônica, serviços *premium* e o prestígio associado ao nome da marca. Essas residências vão além da estética: elas incorporam um *way of living* pautado por excelência, exclusividade e uma curadoria de experiências alinhadas ao universo da marca.

O conceito de *branded residences*

O conceito de *branded residences* surgiu nos Estados Unidos e no Oriente Médio, em especial nas grandes metrópoles e destinos turísticos de luxo, como Nova York, Miami e Dubai. Originalmente, ligado a redes hoteleiras como Ritz-Carlton, Four Seasons e Mandarin Oriental, o modelo evoluiu e passou a atrair marcas de moda, design e até automobilísticas, como Armani, Fendi, Missoni, Porsche e Aston Martin.

Essas marcas imprimem sua identidade no projeto arquitetônico, nos interiores, nos serviços oferecidos e até no estilo de vida proposto ao morador. Ter uma residência assinada por uma marca como a Bvlgari ou a Versace é mais do que um investimento imobiliário: é uma afirmação de status, bom gosto e pertencimento a um universo exclusivo.

A chegada das *branded residences* ao Brasil

O Brasil, com seu mercado consumidor de alto poder aquisitivo e crescente interesse por experiências de luxo, tornou-se um terreno fértil para a chegada das *branded residences*. Nos últimos anos, cidades como São Paulo, Rio de Janeiro, Balneário Camboriú e Florianópolis têm recebido empreendimentos assinados por grifes internacionais e marcas de design consagradas.

O brasileiro é apaixonado por marcas – muitos têm a necessidade de possuir e o desejo de ser notado pela sociedade. O imóvel assinado eleva e diferencia uma pessoa em uma roda de conversas entre amigos. Para muitos, o mero fato de ter comprado algo, ainda que na planta, já o torna possuidor do bem.

Um dos primeiros movimentos marcantes foi a entrada da marca Armani/Casa, com projetos que traduzem o minimalismo elegante e atemporalidade da grife italiana. Em seguida, outras marcas renomadas, como Missoni, Tonino Lamborghini, Philippe Starck e Pininfarina passaram a estampar sua assinatura em empreendimentos brasileiros, elevando o patamar da arquitetura e do design residencial no país.

Além das marcas internacionais, o Brasil também tem valorizado colaborações com nomes nacionais de peso, como a Artefacto, referência em mobiliário de luxo e design brasileiro, que tem colaborado com incorporadoras na criação de residências de altíssimo padrão, com curadoria completa de interiores e serviços sob medida.

Por que o público brasileiro deseja morar em empreendimentos assinados (*branded residences*)

O público de alto padrão no Brasil é exigente e cada vez mais atento aos detalhes que diferenciam um imóvel comum de uma verdadeira experiência de luxo. Morar em uma *branded residence* representa:

- *status*: a associação com uma marca internacionalmente reconhecida eleva o valor simbólico do imóvel;
- exclusividade: são empreendimentos únicos, com tiragens limitadas e acesso restrito a um grupo seleto de compradores;
- *design* e arquitetura superior: projetos assinados por estúdios renomados, que combinam inovação, estética e funcionalidade;
- serviços *premium*: concierge 24h, *valet*, *spa*, *room service*, entre outros serviços inspirados na hotelaria de luxo;
- valorização do investimento: imóveis com assinatura de marca tendem a se valorizar mais rapidamente e a manter sua atratividade ao longo do tempo.

O papel das incorporadoras e a experiência além do imóvel

O sucesso de um empreendimento *branded residence* depende de uma sinergia perfeita entre a marca e a incorporadora. Mais do que vender um apartamento, é necessário entregar uma experiência completa — do momento da compra à vivência diária do morador. Isso envolve desde a personalização de acabamentos, passando por ambientações assinadas por designers de renome, até a oferta de serviços personalizados que atendem ao perfil exigente desse consumidor.

O mercado evoluiu de tal maneira que os próprios incorporadores perceberam que essa equação:

bom projeto + localização + marca = sucesso de vendas

Essa percepção vai muito além da velocidade nas vendas e o derretimento do estoque. Empreendimentos assinados trazem consigo novos clientes e oxigenam de fato a empresa; em sua maioria, são bons pagadores e compram por desejo.

Para isso, muitas incorporadoras brasileiras têm investido em equipes multidisciplinares, que incluem curadores de design, consultores de luxo, especialistas em hotelaria e profissionais de *branding*.

Marcas globais não se juntariam a incorporadoras se realmente não tivessem essa certeza e segurança da entrega do produto proposto ao mercado. Todavia, vender esse tipo de produto requer muito repertório e estudo prévio da história da marca e conceito por trás do projeto. Nesse nicho, os clientes são muito observadores e questionam com profundidade detalhes específicos do empreendimento. Essa abordagem garante que cada detalhe da experiência seja pensado para surpreender e encantar.

O futuro das *branded residences* no Brasil

Com o aumento da demanda por produtos imobiliários de luxo e o fortalecimento do Brasil como destino atrativo para investimentos internacionais, a tendência é que as *branded residences* se consolidem ainda mais no país. Além dos grandes centros urbanos, há uma expansão em direção a destinos turísticos premium, como Angra dos Reis, no Rio de Janeiro; Gramado, no Rio Grande do Sul e Trancoso e Itacaré, na Bahia.

Outro movimento interessante é a diversificação das marcas: além das grifes de moda e hotelaria começa-se a explorar parcerias com marcas de tecnologia, *wellness* e gastronomia, ampliando o leque de possibilidades e atingindo novos perfis de consumidores.

Em um mercado no qual o luxo está cada vez mais associado à experiência, ao tempo e à exclusividade, as *branded residences* representam não apenas uma tendência, mas uma nova era na forma de viver, investir e se relacionar com o espaço residencial.

Creio que, no Brasil, esse mercado ainda está bem em seu início — praticamente ainda não há empreendimentos assinados e entregues, muitos estão na fase de negociação, pré-lançamento ou construção. Para os próximos vinte anos, podemos esperar um crescimento acentuado nos empreendimentos de *branded residences*.

Vendendo para fãs

Na mente do consumidor desse mercado, há esta ideia: "Se a marca X está assinando o empreendimento, é porque é algo bom, pois ela não se associaria a algo ruim". Dessa forma, esse cliente tem certeza de que está fazendo uma compra segura, exclusiva e para poucos.

Além dos empreendimentos imobiliários terem seus estoques totalmente liquidados em poucos meses, esses projetos atraem clientes diferenciados que valorizam o *branded residences* e são fãs da marca. O cliente precisa ter algo para justificar a sua compra emocional, e nada melhor do que uma marca com exclusividade e com grande *storytelling* para ajudar nessa decisão. Esse cliente apaixonado por marcas logo após a compra se torna um embaixador e fiel defensor do produto, tornando-se um porta-voz na comunidade em que está inserido.

O papel do corretor de imóveis

Quando se trata de venda de produtos assinados, a principal arma que temos é o conhecimento. Não se trata do conhecimento frio do produto em si, como o preço do metro quadrado ou a quantidade de vagas de garagem. Isso os corretores medianos já fazem. Quem quiser realmente se diferenciar no mercado de imóveis assinados precisa adentrar o mercado de luxo, viver experiências, frequentar o ambiente que o cliente frequenta, ir a feiras de designs, ou seja, estar imerso no mundo de luxo. O mais importante nesse mercado é ter repertório, e isso só se conquista com o tempo e com investimento em experiências.

Hoje em dia temos acesso a muitas informações de boa qualidade de forma gratuita, basta procurar e degustar toda essa informação. Muitas vezes, não teremos muito tempo para criar conexão com o cliente; por isso, é importante essas informações estarem na ponta da língua.

Acredito fielmente nesse mercado e posso dizer que estou nele quase exclusivamente há cinco anos. Vale muito a pena investir, estudar e focar nesse nicho, pois é um real oceano azul.

"Seus pensamentos e ações
criam sua realidade."

Raffa Machado

Ricardo Farias Costa

Minha trajetória é uma história inspiradora de visão empreendedora. Com um começo humilde e repleto de desafios, provei que, com esforço e ética, é possível transformar obstáculos em oportunidades.

Cresci com uma base sólida de valores. Desde jovem, demonstrei determinação, já me aventurava no mundo das vendas, trabalhando na feirinha de São Luís, no Maranhão.

Ao entrar no mercado imobiliário, superei desafios, fundei minha própria imobiliária, a Ricardo Prime, um nome que logo se tornou sinônimo de qualidade, confiança e comprometimento.

Hoje, sou uma referência no mercado, reconhecido pela postura ética, compromisso com os clientes e pela capacidade de gerar resultados que beneficiam tanto os compradores quanto os profissionais do setor.

ricardoprimeimobiliária

27 DOS DESAFIOS ÀS OPORTUNIDADES NO MERCADO IMOBILIÁRIO

Por Ricardo Farias Costa

Minha trajetória é uma história inspiradora de superação, dedicação e visão empreendedora. Foi um começo repleto de desafios, em que provei que, com esforço e ética, é possível transformar obstáculos em oportunidades. Foi em um momento de crise no mercado que chegou a oportunidade.

Tive uma trajetória marcada por persistência, aprendizado e crescimento contínuo. Desde minha infância, com o apoio incondicional de meus pais, dona Domingas e seu Isaías, aprendi o valor do esforço, do respeito e da dedicação. Meus pais, figuras centrais na minha vida, transmitiram a base sólida de valores que moldaram minha visão de mundo e meu caráter.

A competitividade e a determinação sempre foram minha marca registrada, e isso ficou claro nas minhas competições de natação do Colégio Batista, nas quais conquistei medalhas, mostrando minha habilidade para competir de forma saudável e sempre buscando a excelência. Ao mesmo tempo, já me aventurava no mundo das vendas, trabalhando na feirinha local. Abri um depósito de bebidas que serviu de experiência para me fazer compreender o básico dos negócios. Logo após, abri um depósito de bebidas em São Luís/MA, o que me deu uma noção prática de como o esforço e a dedicação podem transformar sonho em sucesso. Esses meus primeiros passos no empreendedorismo foram fundamentais para aprender, de forma prática e concreta, o que significava trabalhar duro, fazer sacrifícios e, acima de tudo, perseverar.

Minha entrada no mercado imobiliário foi um grande marco na minha vida. No começo, tinha pouco conhecimento sobre o setor, o que me fez encarar muitos desafios, dificuldades e incertezas. No entanto, em vez de desanimar, usei esses obstáculos como trampolins para meu crescimento. Como em qualquer início de carreira, os erros e as falhas foram inevitáveis, mas foram eles a base para um aprendizado intenso e profundo. Compreendi rapidamente que, para se estabelecer em um mercado tão competitivo e desafiador, era essencial buscar as parcerias certas e rodear-se de profissionais experientes e dispostos a ajudar. Nunca tive receio de pedir conselhos ou aprender com os outros. Sempre busquei uma postura humilde, e a vontade de aprender foi um dos principais fatores que me ajudaram a me destacar, pois sabia que o conhecimento era a chave para o sucesso.

Além disso, percebi que o mercado imobiliário exigia mais do que apenas conhecimentos teóricos. Entendi que cada empresa e cada processo dentro dela necessitavam de etapas bem definidas para que a operação fosse eficiente. Com isso, concentrei-me em entender cada fase do processo e, ao mesmo tempo, em construir uma equipe capaz de lidar com os desafios diários. A necessidade de expandir minha equipe tornou-se clara, pois sabia que cada profissional deveria desempenhar um papel específico e cumprir suas responsabilidades com excelência. Com o tempo, fui criando um ambiente em que cada um, sem exceção, era responsável pelo próprio crescimento e, consequentemente, pelo crescimento da empresa.

A partir desse momento, o que parecia ser uma jornada árdua e cheia de dificuldades foi se transformando em uma verdadeira escola de aprendizado, em que eu não só superava os desafios, mas também passava a ser um exemplo de superação para os outros. Aprendi que o sucesso no mercado imobiliário não se baseava apenas em fechar negócios, mas também em construir relações duradouras e de confiança com parceiros, colaboradores e clientes. Tinha uma visão clara: queria criar uma imobiliária que não fosse apenas mais uma no mercado, mas uma referência de qualidade, comprometimento e, principalmente, confiança.

Foi assim que a Ricardo Prime nasceu. Inicialmente, com muito esforço, dedicação e coragem, fundei minha própria imobiliária, com o propósito de ser um ponto de apoio para todos os corretores que, assim como eu, enfrentavam as dificuldades do setor. A Ricardo Prime logo se tornou um nome respeitado, associado à excelência e à seriedade no mercado. Para alcançar esse sucesso, investi em tecnologia, ferramentas inovadoras e, principalmente, no treinamento contínuo de minha equipe. Eu sabia que, para que os corretores se destacassem, era preciso proporcionar a eles o conhecimento e as ferramentas certas para que pudessem realizar seu trabalho com confiança e eficiência.

O ambiente criado na Ricardo Prime era focado no crescimento profissional e no fortalecimento dos laços entre os colaboradores. Investi em cursos de capacitação, treinamentos especializados e recursos que permitissem aos profissionais da área não apenas conhecer o mercado imobiliário, mas se aprofundar nele de maneira estratégica e eficiente. O que eu mais queria era garantir que meus parceiros corretores não tivessem de enfrentar os mesmos desafios que enfrentei no início da carreira. Eu queria que eles tivessem o suporte necessário para evitar os erros que cometi e para crescerem dentro de um ambiente de confiança e aprendizado constante.

Com o passar dos anos, fui me consolidando no mercado, me destacando não apenas pela habilidade em fechar bons negócios, mas também por oferecer soluções inovadoras e proporcionar apoio constante a meus colaboradores. Ao longo de sua trajetória, a empresa alcançou números impressionantes de vendas, conquistando resultados expressivos tanto no mercado local quanto em mercados externos. As pontuações em diversas construtoras, além das transações de imóveis de terceiros, solidificaram a posição da Ricardo Prime entre as mais respeitadas do setor.

A Ricardo Prime atendeu a um número significativo de investidores, especialmente em São Luís, mas também em outros estados, como São Paulo, expandindo sua atuação para o mercado internacional, com destaque para o mercado de Dubai. Seu compromisso com o desenvolvimento de soluções imobiliárias inovadoras foi crucial para que a empresa alcançasse tamanha visibilidade e sucesso.

A base sólida que sustenta todo o trabalho da Ricardo Prime sempre foi a qualidade, a confiança e o comprometimento. Esses pilares estavam presentes tanto nas relações com os clientes quanto nas estratégias adotadas para o crescimento do negócio. Minha trajetória, marcada por dedicação, resiliência e visão de futuro, passou a ser vista como um exemplo claro de como a persistência, o aprendizado contínuo e a capacidade de transformar desafios em oportunidades podem gerar resultados extraordinários.

Além de me estabelecer como um grande nome do mercado imobiliário, tornei-me também referência para outros profissionais da área. Orientei colegas a navegar pelas complexidades do setor com mais confiança e assertividade, compartilhando conhecimento e experiência. Esse apoio constante fez com que eu me tornasse uma figura inspiradora, capaz de guiar novos talentos e profissionais experientes a alcançarem seus objetivos.

Hoje, a Ricardo Prime não é apenas uma imobiliária, mas também uma verdadeira escola de desenvolvimento para corretores e profissionais do setor. O legado da imobiliária é uma prova viva de que, com trabalho árduo, coragem para inovar e um compromisso inabalável com a excelência, é possível transformar sonhos em realidade, não só para si mesmo, mas também para aqueles ao redor.

Hoje, a Ricardo Prime é reconhecida não só por sua postura ética e pela forma como se relaciona com seus clientes, mas também pela sua capacidade única de gerar resultados que beneficiam tanto os compradores quanto os profissionais do setor. Mais do que isso, a empresa se tornou ponto de referência de qualidade e confiança no mercado imobiliário.

Minha história é um exemplo claro de como o empenho, a humildade e uma visão estratégica podem transformar um sonho em realidade. Provei que, com planejamento e perseverança, é possível conquistar um lugar de destaque em um dos mercados mais competitivos do mundo: o mercado imobiliário. Hoje, meu nome é sinônimo de sucesso, inspiração e um modelo a ser seguido por todos aqueles que buscam construir uma carreira sólida e bem-sucedida no setor.

Minha voz se tornou uma marca registrada, transmitindo confiança e autenticidade nos vídeos que compartilho. Desenvolvi a habilidade de montar grupos de corretores parceiros e reunir pessoas não apenas para criar conteúdo, mas também para se divertir e praticar esportes, como futebol e tênis, demonstrando a força do trabalho em equipe e sua capacidade de formar conexões genuínas. Essas ações criam uma rede sólida que vai muito além do profissionalismo, trazendo um ambiente de camaradagem e apoio mútuo.

Além disso, tornei-me um exemplo de altruísmo ao fazer parte de um grupo de voluntariado, em que eu e os parceiros nos dedicamos a fazer o bem, contribuindo ativamente para causas sociais. Isso reforça o compromisso com a sociedade, mostrando que o sucesso no mundo dos negócios não precisa ser dissociado de responsabilidade social.

O exemplo vai além de uma história de sucesso profissional no mercado imobiliário. Criei uma referência de como o esforço constante, a humildade e a visão estratégica são ingredientes essenciais para alcançar o sucesso, e meu nome é sinônimo de inspiração para todos aqueles que buscam não apenas construir uma carreira sólida, mas também contribuir para um mundo melhor.

"Com coragem, ética e visão, qualquer obstáculo se transforma em uma oportunidade para alcançar o sucesso."

Ricardo Farias Costa

Rodrigo Viégas

Rodrigo Viégas é corretor de imóveis, jurista por formação e atua há 17 anos no mercado imobiliário, com forte presença nos segmentos de alto padrão e imóveis corporativos. É cofundador do Grupo RJ, que reúne a Many Imóveis, a Punkt Imóveis e a Nossa Escola Imobiliária, com operações em Manaus, São Paulo e no sul da Flórida/EUA. Conselheiro estadual do CRECI-AM por cinco mandatos consecutivos, é um entusiasta do setor. Atuou também em instituições como RIMAM, CONAJE e AJE/AM, da qual foi cofundador e presidente, contribuindo para o desenvolvimento do ambiente empresarial e imobiliário da região.

rodrigoviegas_

MANUAL DO CORRETOR DE LUXO

28 NÃO OFEREÇA IMÓVEIS, OFEREÇA ASSUNTOS

Por Rodrigo Viégas

Ser interessante antes de ser interesseiro

No mercado de luxo, a pergunta não é o que ofertar, mas como se tornar interessante para o cliente. Essa é a essência da Teoria dos Novos Assuntos, que desenvolvemos e aplicamos com sucesso na Many Imóveis e no Grupo RJ.

A Teoria dos Novos Assuntos proporciona ao corretor uma abordagem estratégica que prioriza a conexão genuína com o cliente, deixando de lado o foco exclusivo na venda imediata. Ao contrário do que muita gente faz no mercado, que é sair oferecendo imóveis sem critério, sem contexto, a Teoria dos Novos Assuntos defende algo mais inteligente e eficaz: conversar de verdade com o cliente, buscando entender quem ele é, como vive, do que gosta. Com base nisso, o corretor pode trazer conteúdos, referências – muitas vezes até fora do universo imobiliário – que despertam interesse real. Pode ser uma tendência de arquitetura, uma oportunidade de investimento, um projeto assinado por um nome reconhecido. O ponto é: conectar-se de verdade com o cliente é muito mais eficaz do que mandar imóveis sem conexão com os interesses do cliente e esperar que aconteça alguma coisa.

Na prática, isso se traduz em ações como: compartilhar uma nova tendência de *design* vista em outra cidade, falar sobre uma oportunidade de rentabilidade em outro estado, ou até mesmo comentar uma transformação urbana que possa impactar o perfil de compra de um cliente. Para quem aplica a teoria, os benefícios são claros: maior engajamento com o cliente, relacionamento duradouro baseado em confiança e a criação de oportunidades de negócio de forma natural. O corretor se posiciona como uma referência confiável e relevante no mercado.

O desafio de vender para quem já tem tudo

O cliente de alto padrão não busca simplesmente adquirir algo; ele busca relevância, conexão, exclusividade e, às vezes, resolver problemas que ele nem sabe que tem. É alguém que, na prática, já tem o que o dinheiro pode comprar. Não basta ofertar mais imóveis: é preciso criar valor por meio de assuntos.

Quando ignoramos isso, corremos sérios riscos de sermos aquele "corretor chato." E é aí que entra a Teoria dos Novos Assuntos. Ao contrário da abordagem tradicional, que foca em ofertas repetitivas e desgastantes, a referida teoria propõe trazer temas genuinamente relevantes, que gerem conexão e valor real para o cliente. Não se trata apenas de falar de imóveis, mas de apresentar novos horizontes, contextos e histórias que sejam interessantes e que se conectem ao universo daquele consumidor. Esse é o maior desafio do corretor imobiliário. Por isso, acreditamos que a Teoria dos Novos Assuntos funciona, porque o foco está em trazer novos assuntos, em ser interessante e, consequentemente, vender sem "empurrar". Afinal de contas, não fazemos negócios a troco de qualquer coisa; o objetivo é, sim, vender, mas isso é alcançado como consequência das ações que estamos destacando aqui.

Como a Teoria dos Novos Assuntos funciona?

Em época de digitalização, seu maior diferencial pode ser a humanização. Não esqueça de que o cliente é outra pessoa. A Teoria dos Novos Assuntos exige mais do que técnica: ela requer interesse genuíno, sensibilidade e disposição para se conectar com o outro. O corretor que for frio ou preguiçoso dificilmente conseguirá aplicar essa abordagem com sucesso. Veja os pontos destacados a seguir.

<u>Ser interessante antes de ofertar</u>

O cliente de luxo quer se sentir intrigado, quer aprender algo novo ou expandir sua visão. Um corretor que apenas envia *links* de imóveis e faz ligações de *follow-up* perde a chance de engajar. O foco deve ser criar conversas baseadas em novos assuntos que despertem curiosidade.

<u>Conectar-se com o universo do cliente</u>

Os novos assuntos devem ser relevantes e alinhados ao perfil do cliente. No caso da Many Imóveis, minha empresa, isso significa levar para um cliente de Manaus, que já mora no melhor condomínio da cidade, *insights* sobre outros locais, outros mercados mobiliários, imóveis em São Paulo assinados por *designers* renomados, por exemplo, ou ideias de segunda residência em locais como Miami, nos EUA, ou Algarve, em Portugal. Muitas vezes, pode-se utilizar assuntos completamente alheios ao mercado imobiliário. Aí entra em cena nosso repertório.

Ao expor o cliente a esses novos assuntos, especialmente no caso da Many Imóveis com as filiais, ele pode consumir esses novos temas, uma vez que são do próprio mercado imobiliário. Ao adquirir um estúdio em São Paulo, o cliente diversifica o patrimônio e descobre um novo modelo de investimento, levando-o até a repensar sobre o imóvel onde já mora.

Construir um relacionamento além da transação

A partir dos novos assuntos, o relacionamento se aprofunda. Uma conversa sobre um evento a que o cliente compareceu e se hospedou em um hotel-boutique ou até sobre a assinatura de um imóvel por Philippe Starck, ou outra pessoa renomada pode abrir portas para que o cliente repense a própria casa. Talvez ele não estivesse pensando em se mudar, mas, ao ser exposto a algo inspirador, o desejo de mudança surge naturalmente.

Transformar assuntos novos em resultados

Com o tempo, os novos assuntos voltam a temas antigos. Um cliente pode buscar melhorias para o imóvel onde mora ou até mesmo pensar em vendê-lo, sem que isso seja forçado pelo corretor. Isso acontece porque o cliente foi exposto a um novo assunto e a ideia central é o relacionamento gerado com alguém interessante, nesse caso, o corretor de imóveis. Por isso, é essencial que o corretor esteja preparado para conduzir a conversa com repertório técnico, sensibilidade e visão estratégica, transformando o novo interesse do cliente em uma oportunidade concreta de negócio. Esse ciclo transforma curiosidade em negócios, de forma leve e eficaz.

A importância do repertório para o corretor de luxo

Para que a Teoria dos Novos Assuntos funcione de forma efetiva, é indispensável que o corretor desenvolva repertório. Isso significa ir além do conhecimento técnico sobre imóveis ou burocracias de venda: é dominar assuntos que vão desde arquitetura, *design*, urbanismo, sustentabilidade, economia, comportamento de consumo, até experiências culturais que conectem com o estilo de vida do cliente.

No contexto do mercado de luxo, ter repertório é ser um profissional capaz de conversar com naturalidade sobre os melhores destinos internacionais, novos conceitos de moradia, tendências globais em interiores e arte, ou mesmo sobre experiências gastronômicas e estéticas. Esse conteúdo cria pontes de conexão entre o corretor e seu cliente, tornando as conversas mais ricas e memoráveis. E, principalmente, posiciona o corretor como alguém de referência.

Por isso, dentro da Many Imóveis, incentivamos que nossos profissionais se mantenham atualizados e inseridos em contextos variados. Participar de eventos, viajar, consumir conteúdo de qualidade e observar o comportamento dos clientes são atitudes que ampliam a visão de mundo – e tornam o corretor mais interessante.

Além disso, saber dosar esse repertório é fundamental. O objetivo não é impressionar com sofisticação excessiva, mas conectar de forma sutil e estratégica. Um comentário relevante, um exemplo inspirador ou uma observação alinhada ao estilo de vida do cliente são suficientes para iniciar uma conversa com propósito. Assim, o repertório vira um gatilho para o relacionamento, e o relacionamento se torna o caminho mais sólido para a venda.

Exemplo prático: aplicação na Many Imóveis

No Grupo RJ, a equipe de corretores está em constante movimento para trazer esses novos assuntos aos clientes. Isso inclui:

- *insights* de mercados externos: mostrar como os grandes centros estão inovando em *design*, arquitetura ou experiências imobiliárias;
- novos serviços e tendências: apresentar inovações, como imóveis *turnkey*, prontos para morar, ou investimentos em imóveis sustentáveis;
- relacionamentos sociais estratégicos: estar presente onde o cliente está, seja em eventos, seja em viagens, e compartilhar histórias interessantes.

Um exemplo prático? Um cliente da Many Imóveis que já morava em um dos melhores condomínios de Manaus foi impactado pelo corretor que compartilhou sua experiência em São Paulo, explorando imóveis assinados por *designers* renomados. Sem que houvesse intenção de compra, o cliente começou a questionar o *design* da própria casa. Essa inquietação o levou a buscar soluções e, eventualmente, a considerar uma troca.

Nossa teoria foi validada com nossas filiais, que foram criadas exclusivamente para atender aos clientes manauaras. Ou seja, essas filiais têm como foco gerar novos assuntos para a essência da Many Imóveis: o cliente de Manaus.

A chave para o mercado de luxo: ganho de tempo

Uma pesquisa realizada pela Many Imóveis em Manaus revelou que, para os clientes de alto padrão, o verdadeiro luxo é o ganho de tempo. Entre as respostas mais recorrentes, destacaram-se expressões como "não quero perder tempo com corretor me perturbando" e "a compra é burocrática e chata". Esses dados reforçam que, para esse perfil de cliente, ser interessante e relevante desde o início não é um diferencial – é uma exigência. Isso reforça ainda mais a importância do repertório, do posicionamento consultivo e da entrega de valor no primeiro contato. Isso reforça ainda mais a importância de ser interessante, direto e relevante. O corretor que sabe trazer novos assuntos poupa o cliente de perder tempo com ofertas irrelevantes e cria um ambiente em que o negócio se torna uma consequência natural de um bom relacionamento.

Perguntas-chave para o corretor

Para aplicar a Teoria dos Novos Assuntos, o corretor deve se perguntar constantemente:

1. "Estou apenas ofertando imóveis ou trazendo algo novo e interessante para meu cliente?";
2. "O que meu cliente gostaria de saber, mas ainda não sabe?";
3. "Como os novos assuntos que trago podem se conectar com o universo dele e gerar valor?"

Conclusão

A Teoria dos Novos Assuntos desafia o corretor a se posicionar como um consultor estratégico e um contador de histórias no mercado de luxo, que não abre mão de se conectar com pessoas. É uma abordagem que transforma o relacionamento com o cliente e coloca o foco no que realmente importa: a construção de valor. Afinal, como diria o ditado, "quem tem tudo, quer mais que um produto: quer experiências e conexões significativas".

“Em época de digitalização, seu maior diferencial deve ser a humanização. Lembre-se: o cliente é outra pessoa.”

Rodrigo Viégas

Sergio Langer

Referência no mercado imobiliário de alto padrão e luxo, sou fundador da Missão Alto Padrão & Luxo, conduzindo imersões estratégicas em São Paulo, Nova York e Dubai. Como *host* do *podcast* "Vem pra mesa", compartilho conversas com os maiores nomes do setor, abordando tendências, inovação e oportunidades globais. Atuo como conselheiro de incorporadoras e mentor de corretores, desenvolvendo estratégias de *marketing* e comercialização de lançamentos.

Com uma rede de contatos altamente influente no Brasil e no exterior, ajudo a transformar marcas pessoais em marcas desejadas, conectando pessoas e impulsionando negócios de alto impacto.

sergiolanger

MANUAL DO CORRETOR DE LUXO

29 COMO CONSTRUIR UMA MARCA FORTE NO MERCADO *PREMIUM*

Por Sergio Langer

Construir uma marca forte no mercado *premium* é uma jornada que exige clareza, consistência e, acima de tudo, autenticidade. Mais do que vender produtos ou serviços, trata-se de construir percepção, desejo e reputação. No segmento de luxo, o cliente não compra apenas o que você vende – ele compra o que você representa. E isso é algo que se constrói dia após dia, com estratégia e verdade.

Desde que comecei minha trajetória no mercado imobiliário, entendi que marcas fortes não são criadas da noite para o dia. Elas são cultivadas, como relacionamentos. E, assim como os imóveis de alto valor agregado, precisam ter base sólida, visão estratégica e acabamento impecável.

É comum ver profissionais talentosos investindo tempo e dinheiro em *marketing* sem entender que *branding* e *marketing* não são sinônimos. *Marketing* é o que você faz para vender seu produto. *Branding* é o que você faz para ocupar um espaço na mente das pessoas. Uma marca forte é aquela que é lembrada mesmo quando não é ela que está comunicando.

Para facilitar isso, desenvolvi nove passos para ajudar corretores, incorporadores e profissionais que atuam no mercado a construírem uma marca forte no mercado de luxo. Eles nasceram da minha vivência como estrategista, mentor e conselheiro de empresas que atuam nesse segmento. E agora, compartilho com você.

1. Porque a marca pessoal é fundamental

A marca é seu ativo mais valioso. Ela é o que diferencia você da concorrência em um mercado em que produtos se parecem. Uma marca forte gera confiança, atrai os clientes certos e constrói autoridade. Ao longo da minha jornada, vi inúmeros profissionais tecnicamente excelentes, mas invisíveis, por não terem construído sua marca. No mercado *premium*, confiança é a nova moeda. E quem confia, compra.

2. Conexões pessoais

O luxo tem a ver com experiência. E experiências são vividas por pessoas. Marcas que se conectam emocionalmente com o público criam vínculos duradouros. Pessoas compram de pessoas. Um aperto de mão firme, um olhar atento, uma escuta ativa – tudo conta. O cliente do mercado *premium* quer sentir que você se importa com ele antes de ser convidado a comprar. Priorize relações, não apenas transações. Você será lembrado por como fez alguém se sentir.

3. Autenticidade na conexão

Seja você mesmo. Nada substitui a verdade. O cliente percebe quando é forçado. Compartilhe sua jornada, seus valores, sua essência. Fale de suas experiências, de onde veio e para onde quer ir. Conte histórias reais. Quando você mostra sua humanidade, você aproxima o cliente. Autenticidade não é uma técnica de *marketing* – é uma postura. E ela constrói pontes de confiança.

4. Conteúdo que gera engajamento

Conte histórias. Mostre bastidores. Fale dos desafios enfrentados. Celebre conquistas com seu público. Leve sua audiência para dentro de seu mundo. O conteúdo é a ponte entre sua marca e o cliente. Não basta postar fotos e vídeos bem produzidos. Fale da experiência de fechar uma venda que transformou a vida de uma família. Traga emoção, traga contexto, traga você. O conteúdo que engaja é aquele que emociona.

5. Esteja onde seu cliente está

Não se limite ao Instagram. Explore YouTube, LinkedIn, Google, TikTok. Seu cliente está em vários canais, e você precisa ser relevante em cada um deles. Cada plataforma tem uma linguagem. Adapte-se, mas mantenha a essência. Esteja presente no Google Meu Negócio. Invista em vídeos com posicionamento no YouTube. Esteja nos lugares certos com a mensagem certa. A distribuição de seu conteúdo é tão estratégica quanto a produção.

6. Engajamento dinâmico

Postar não é o suficiente. Interaja. Responda. Demonstre presença. O algoritmo recompensa quem é ativo – mas, mais do que isso, as pessoas também. Mostre que você está ali, que você está atento. Compartilhe vitórias dos clientes.

Comente nas conquistas de colegas. Torne-se presente na vida das pessoas antes que elas precisem de você. Uma marca forte não é só vista – ela é sentida.

7. Amplie sua visibilidade

Participe de eventos do setor. Colabore com outras marcas. Apareça na mídia especializada. Posicione-se como referência. O mercado *premium* valoriza nomes em destaque. Esteja onde os olhos certos estão. Isso não é vaidade – é estratégia. Visibilidade qualificada é aquela que reforça sua autoridade no ambiente certo. Torne-se fonte de informação, de inspiração e de credibilidade.

8. Construa relações duradouras

Networking é uma via de mão dupla. Interesse genuíno, escuta ativa e contribuição mútua são a base. Não se trata do que a pessoa pode fazer por você, mas de quanto valor você pode oferecer. Relações sólidas geram oportunidades consistentes. Muitos de meus negócios mais valiosos surgiram de encontros casuais que se transformaram em grandes parcerias. Invista nas pessoas, não apenas nos contatos.

9. Mantenha o *follow-up*

No mercado de luxo, os detalhes fazem toda a diferença. E lembrar de alguém após uma reunião ou negociação é um detalhe que marca. Mande uma mensagem, envie um artigo relevante, faça um convite. Mantenha o contato vivo. Uma marca forte é como uma chama – precisa de cuidado constante para continuar brilhando.

Investindo na própria marca

Ao longo da minha trajetória, vi de perto como profissionais que investem na construção da própria marca conquistam não só mais vendas, mas também mais reconhecimento, convites para eventos, parcerias estratégicas e autoridade no mercado. Lembro de uma corretora que participou de nossa Missão Alto Padrão & Luxo em Dubai. Ela já atuava no mercado de luxo, mas ainda era vista como mais uma no meio de tantos. Depois de aplicar os princípios que ensino – como mostrar os bastidores de seu dia a dia, reforçar sua história pessoal e produzir conteúdo autêntico –, ela se tornou referência em sua região.

Construir uma marca forte também exige coragem para ser diferente. Em um mundo de perfis semelhantes, o que chama atenção é a autenticidade. Em outra oportunidade, na Missão Alto Padrão & Luxo de Nova York, um corretor brasileiro decidiu começar a produzir vídeos falando das diferenças culturais entre o mercado americano e o brasileiro. Seus vídeos viralizaram entre um público que se identificava com essa linguagem direta e descontraída. Resultado: ele se posicionou como especialista em atender brasileiros no exterior e hoje é referência em seu nicho.

Esses exemplos reforçam um ponto essencial: o mercado *premium* exige presença de marca, mas também profundidade. Não adianta só aparecer – é preciso mostrar a que veio. *Branding* não é gritar mais alto, é comunicar com clareza e consistência. Uma marca forte no mercado de luxo comunica valor sem precisar explicar preço. Ela gera desejo antes mesmo de mostrar o produto. É o famoso "vender sem vender".

Além disso, é importante lembrar que a construção da marca é contínua. Você nunca "chega lá" de forma definitiva. O mercado muda, os clientes mudam, você evolui. Por isso, uma marca forte precisa estar em constante aprimoramento. Peça *feedback*, avalie sua presença digital, participe de eventos relevantes, estude novas plataformas, acompanhe tendências. Invista em você como o maior ativo de seu negócio.

No fim das contas, o luxo está na experiência, no detalhe, no cuidado com o outro. Uma marca *premium* é aquela que cuida da percepção que causa, que entrega algo a mais do que o cliente espera, que entende que cada ponto de contato é uma oportunidade de fortalecer vínculos. Marcas fortes criam experiências memoráveis. E experiências memoráveis geram lealdade.

Um dos maiores aprendizados que tive ao longo desses anos é que uma marca não se sustenta apenas pelo que você faz, mas principalmente pelo que você representa para os outros. Trata-se do sentimento que você desperta, do valor que você entrega e da confiança que você transmite.

Quem constrói uma marca forte no mercado *premium* entende que reputação é o ativo mais valioso. Não se trata apenas de estar bem posicionado, mas de ser uma presença confiável no mercado – alguém com quem as pessoas querem trabalhar, associar-se, indicar e estarem perto.

E essa força vem da consistência. Não é o vídeo com mais curtidas, nem o *post* mais bonito, nem a presença em um evento badalado que vai consolidar sua marca. É a repetição dos pequenos gestos, do cuidado com os detalhes, da entrega verdadeira e constante que, ao longo do tempo, constrói algo memorável.

Por isso, se você deseja construir uma marca forte no mercado *premium*, entenda: você não precisa ser o maior, mas precisa ser o mais autêntico, mais consistente e mais comprometido com o valor que entrega. Isso é o que vai fazer sua marca se tornar inesquecível.

Porque, no fim, a marca que você constrói fora é reflexo da identidade que você cultiva por dentro.

"Pessoas se conectam com pessoas,
não com empresas ou imóveis."

Sergio Langer

Tati Griebler

Sou Tati Griebler, paranaense e residente em Lucas do Rio Verde/MT. Aos 17 anos, saí de casa para cursar Administração com habilitação em Comércio Exterior na capital do Mato Grosso. Aos 21, me formei e iniciei minha trajetória no mercado financeiro, no qual conquistei diversas premiações por desempenho em campanhas e negociações. Complementando minha formação, fiz pós-graduações em Gestão Pública, Gestão Empresarial pela FGV e um MBA em Gestão de Pessoas. No mercado imobiliário, encontrei minha verdadeira vocação e, há quatro anos, dedico-me a proporcionar aos clientes não apenas um imóvel, mas uma experiência exclusiva, segura e rentável. Proprietária da Tati Griebler Negócios Imobiliários, compartilho *insights* do setor em minhas redes sociais:

tatigriebler

tatigriebler

30 COMO ATRAIR CLIENTES DE ALTO PADRÃO

Por Tati Griebler

Estou escrevendo este capítulo em um momento de grande realização profissional. Em 2024, fui eleita a melhor corretora de imóveis da cidade de Lucas do Rio Verde, em Mato Grosso; o prêmio, chamado Mérito Empresarial, coroa todo o trabalho realizado em nossa sociedade.

Depois de anos de dedicação ao mercado imobiliário e financeiro, entendi que atrair clientes de alto padrão é um desafio que muitos corretores enfrentam. Esse público exige um atendimento diferenciado, expertise e estratégias bem definidas. Meu objetivo é compartilhar com você o caminho que percorri para conquistar esse nicho e como você também pode alcançar esse patamar.

Qual o problema enfrentado?

Muitos corretores enfrentam dificuldades em atrair clientes de alto padrão porque não estão preparados para esse tipo de atendimento. No início da minha trajetória no mercado imobiliário, percebi que o método tradicional de vendas não funcionava para esse público. Quando iniciamos na profissão de corretor de imóveis, temos a ilusão de que, se sou um bom vendedor de seguros, um bom vendedor de uma loja de departamentos, posso vender da mesma forma imóveis de alto padrão! Não bastava apenas ter boas opções de imóveis; era preciso construir autoridade, *networking* e oferecer uma experiência diferenciada.

A falta de conhecimento sobre esse mercado pode resultar na perda de grandes oportunidades. Sem uma abordagem estratégica, muitos corretores acabam sendo ignorados por clientes potenciais ou não conseguem transmitir credibilidade suficiente para fechar bons negócios. A boa notícia é que isso pode ser mudado com a abordagem certa e a implementação de estratégias eficazes.

Descubra o segredo do posicionamento

A virada de chave para atrair clientes de alto padrão está no posicionamento. A seguir, compartilho as estratégias que utilizei para me destacar nesse segmento.

1. Construção de autoridade

Torne-se referência no mercado por meio do compartilhamento de conhecimento, participação em eventos e formações contínuas. Engana-se quem pensa que para ser corretor de imóveis não é preciso estudar; pelo contrário, precisamos ter várias habilidades e entender de pessoas, negociação, *marketing*, economia, direito imobiliário, entre outras áreas

Por isso, a participação em eventos, imersões, mentorias é essencial para você ficar atualizado, fazer parcerias em cidades estratégicas, pois o cliente alto padrão não investe somente na sua cidade – ele está de olho no mercado que mais valoriza, e você, como consultor imobiliário, precisa ter no portfólio opções estratégicas para seus clientes terem a oportunidade de diversificação.

2. *Networking* estratégico

Crie conexões com clientes potenciais e parceiros que atuam no mesmo nicho, como arquitetos, investidores e consultores financeiros. Quando se fala em criar cone-xões com clientes, podemos citar o mestre Dale Carnegie, que, no livro *Como fazer amigos e influenciar pessoas*, ensina que devemos nos mostrar realmente interessados no outro, ouvir sua história, para depois mostrar que somos capazes de auxiliá-los no que precisam (Carnegie, 2012).

Os clientes potenciais têm influência em sua rede de amigos, na qual você, corretor de imóveis, fazendo um trabalho de excelência, tem grandes chances de ser indicado para novos negócios. Frequente locais onde seus possíveis clientes alto padrão estão! Se você quer atrair clientes de alto padrão, precisa estar no meio deles!

Faça amizades, busque conexões em todos os círculos de que você participa, desde o balé ou futebol de seu filho, reunião de pais, academias bem frequentadas, *hobbies* como tênis, *beach tennis*, haras, entre outros. Se você ainda não frequenta esses locais, está perdendo oportunidades de *network* que se transformam em negócios.

Falando de parceiros que atuam no mesmo nicho, no mercado imobiliário, gostaria de citar uma parceria que fiz com uma arquiteta da cidade. Tivemos a ideia de levar a solução aos clientes que gostavam do imóvel, mas não sabiam se era possível fazer a personalização de que precisavam de acordo com suas necessidades. Nesse caso, entrávamos com uma consultoria gratuita da arquiteta, avaliando se uma possível reforma atenderia ao que o cliente e sua família buscavam; isso ajudava o cliente a decidir a comprar ou não aquele imóvel. Dessa forma, tivemos vários êxitos na aquisição de imóveis e fechamento de projetos de reforma e interiores.

3. Posicionamento digital

Fortaleça sua presença on-line, com conteúdo relevante para esse público, destacando *cases* de sucesso e oportunidades exclusivas. Nos dias de hoje, o posicionamento nas redes sociais é imprescindível. O que é ter presença forte? É estar em vários canais de comunicação em que o cliente pode encontrar você, como Google, YouTube, Instagram, canais de WhatsApp e Tiktok.

No entanto, não se trata somente de ter uma conta nas redes sociais e, sim, de criar conteúdo de valor para quem o vê. Vou dar um exemplo de conteúdo relevante que venho fazendo e tem dado muito certo, colhendo bons frutos: criei o quadro Minuto Imobiliário, no qual convido profissionais especialistas da cidade para tirar dúvidas e levarmos informações atualizadas para o público que deseja investir em imóveis. É no formato de *podcast*, com perguntas e respostas objetivas para que em poucos minutos o futuro cliente fique atualizado sobre o mercado imobiliário. Exemplos de especialistas que já participaram desse quadro: advogado imobiliário, engenheiro, arquiteto, correspondente bancário, consórcio imobiliário, contabilistas, gerentes de produtos, construtoras, incorporadoras. Com esse *podcast*, levamos esclarecimentos e oportunidades para a audiência.

Também gosto muito de trabalhar com prova social, de clientes que contam a boa experiência que tiveram comigo – isso ajuda a atrair outros clientes que desejam ter uma experiência segura e exclusiva.

4. Experiência exclusiva para o cliente

Ofereça um atendimento personalizado, entendendo as necessidades e desejos do cliente para entregar um serviço que vai além da simples compra de um imóvel.

O cliente de alto padrão quer ser mimado, quer ter um atendimento diferenciado, exclusivo. Por isso, faço questão de que meus clientes se sintam importantes, despendendo o tempo necessário em cada atendimento. Tudo começa quando se recebe o cliente na empresa. A cordialidade e a atenção aos detalhes, desde o cafezinho ao que será informado, são imprescindíveis. Depois que atraímos esse cliente alto padrão, temos que entregar algo profissional, a fim de ele veja qualidade e excelência em nosso trabalho.

O fechamento do negócio, a assinatura de contrato, seja de um investimento ou daquele imóvel a que ele tanto almejou, é o momento em que concluímos com chave de ouro, brindando com espumante e entregando como lembrança algo personalizado, que, no decorrer da jornada, observamos ser importante para o cliente ou sua família.

5. Visão de investimento

Demonstre como os imóveis podem ser ativos rentáveis, oferecendo uma abordagem consultiva e embasada em dados financeiros. O cliente de alto padrão geralmente é instruído e procura o corretor de imóveis que está apto a auxiliá-lo na tomada de decisão. Ele espera que o corretor traga algo embasado em conhecimento, que esteja atento a economia, taxas de juros e retornos, para, dessa forma, otimizar seu tempo e ajudá-lo na diversificação de seus investimentos.

Quem trabalha com lançamentos e imóveis na planta consegue entregar para o cliente possibilidades de ganho, tanto na valorização do imóvel quanto na renda que pode obter com o aluguel e seu aumento de patrimônio.

O segredo está em comprar bem. Se você ajuda o cliente a fazer uma boa compra, levando em conta critérios de valorização como localização, índice de desenvolvimento da região, qualidade da obra, terá grandes chances de bons retornos.

Essas estratégias, quando aplicadas com consistência, mudam a percepção do mercado e atraem clientes que buscam qualidade, segurança e exclusividade.

Para ter sucesso, estude sempre!

Se eu consegui evoluir e me posicionar nesse mercado, você também pode! No início, parecia um desafio intransponível, mas, com estudo, estratégia e dedicação, descobri que qualquer corretor pode conquistar clientes de alto padrão. O segredo está em não se limitar ao tradicional e buscar constantemente evoluir.

Devemos ter um interesse sincero em ajudar nosso cliente, entregar o que ele precisa, fazer um trabalho de excelência. Consequentemente, o reconhecimento e o retorno financeiro virão.

Receita de ouro para que tudo isso funcione

É imprescindível começar o dia com gratidão. Acorde todas as manhãs e, antes de qualquer coisa, reconheça o valor da vida, da saúde e das oportunidades que você tem. Cultive pensamentos positivos, seja otimista, gentil com as pessoas e mantenha um sorriso no rosto. Evite se deixar influenciar por pessoas ou notícias negativas.

Não existe mercado parado, existe corretor de imóveis parado! Tenha rotina, disciplina, constância, que certamente você colherá bons frutos!

Lembre-se: cultive a gratidão, mantenha pensamentos positivos, esteja sempre disposto a aprender e coloque em prática tudo o que for construtivo. Com constância e atitude, os resultados virão!

Agora, quero convidar você a dar o próximo passo!

Acompanhe-me nas redes sociais para mais *insights* sobre o mercado de alto padrão – juntos, alavancamos a carreira de corretor de imóveis. Vamos elevar o padrão do mercado imobiliário!

BIBLIOGRAFIA

CARNEGIE, D. *Como fazer amigos e influenciar pessoas*. Tradução de Fernando Tude de Souza. 52. ed.. São Paulo: Companhia Editora Nacional, 2012.

"O sucesso no mercado imobiliário vem para quem se prepara, estuda, inova e se posiciona com autoridade, entregando excelência em cada detalhe."

Tati Griebler

Thiago Granato

Sou Thiago Granato, residente em São Paulo e formado em Relações Públicas pela FAAP. Atuei por anos no mercado de eventos e entretenimento musical, inclusive vivendo na Europa, onde aprofundei minha visão de experiência e atendimento ao cliente. Desde 2013, atuo no mercado imobiliário, com foco em imóveis de alto padrão, área pela qual sou completamente apaixonado. Sou sócio-fundador da imobiliária boutique HomeSphere, reconhecida por seu atendimento personalizado, e cofundador do evento Missão Alto Padrão e Luxo, voltado à capacitação de profissionais do segmento de luxo. Acredito em um caminho para a excelência na corretagem.

Agradeço pela oportunidade de contribuir com este livro e espero inspirar outros profissionais em sua jornada de crescimento.

thiago.granato

www.homesphere.com.br

+55 (11) 98387-9633

thiago@homesphere.com.br

31 O MÉTODO HOMESPHERE NO MERCADO DE LUXO

Por Thiago Granato

Primeiro, sinto-me honrado em colaborar com este livro e com os colegas de mercado.

Ser corretor de imóveis é muito desafiador: trabalhamos no risco, recebemos inúmeras negativas de todos os lados e precisamos nos manter resilientes diante de todos os cenários que envolvem o dia a dia da profissão. Costumo dizer que a mais importante virtude para um corretor de imóveis é desenvolver sua inteligência emocional, pois, por meio dela, conseguimos lidar com todos os demais desafios da carreira e da vida pessoal, que estão totalmente interligados.

Acredito que um dos maiores desafios para todos nós, profissionais desse ramo, é ter previsibilidade de rendimentos. E como conseguir isso em uma profissão na qual só recebemos quando há sucesso nas operações – que, por sua vez, envolvem inúmeras variáveis, muitas vezes, fora de nosso controle? Como agregar valor em uma profissão que, muitas vezes, é mal compreendida por clientes que não enxergam o valor real de nosso trabalho?

Eu acredito em um caminho que está mais do que provado como uma boa fórmula de sucesso nessa profissão: a gestão exclusiva de venda do imóvel.

Muitos pensam: "Isso dá muito trabalho. A maioria dos proprietários não quer ou já tentou e se frustrou". Mas eu arrisco dizer que, talvez, foi por não ter recebido um serviço com as ferramentas certas para alcançar sucesso nesse formato de trabalho.

E se eu lhe disser que a maioria dos corretores de maior sucesso – e com o maior número de vendas por ano que eu conheço – utiliza essa metodologia de trabalho, na qual o foco maior está em atender o cliente vendedor com um serviço completo e estratégico?

A partir do momento em que você tem o controle do imóvel que será vendido, você tem o poder do jogo. Pois todos terão que vir até você para efetivar a compra – seja um cliente comprador direto ou outro colega corretor que tenha um cliente interessado.

Interessante, não é?

Porém, quando digo que esse formato de trabalho é o melhor, não é apenas pelo controle da operação de venda, mas pela possibilidade de trabalhar com uma previsibilidade de ganhos muito maior do que quando se atua sem uma listagem exclusiva.

Além disso, com a gestão exclusiva você consegue criar uma rede de relacionamentos muito mais sólida com os clientes, pois está durante meses prestando um serviço estruturado. Com o sucesso esperado da operação, você também recebe muitas indicações.

O grande desafio da gestão exclusiva não é a captação em si, mas saber operar todo o processo do início ao fim.

Sim, a gestão dá muito mais trabalho do que trabalhar sem gestão, mas os resultados valem muito a pena – e vou explicar por quê.

Como conquistar uma gestão exclusiva de alto valor

Exclusividade se conquista com preparo e confiança. O cliente de alto padrão só quer trabalhar com os melhores em todos os segmentos. Você não pode ser "mais ou menos"; você tem que ser o melhor corretor com quem ele já lidou na vida.

- Prepare-se: estude sobre o imóvel, o empreendimento, traga *cases* de sucesso, apresente um plano de negócios e, principalmente, um estudo de mercado para uma boa precificação. Nunca assuma um imóvel fora do valor de sua análise, ou será um "tiro no pé" – e a culpa pelo insucesso recairá sobre você.
- Você não precisa convencer o proprietário – você precisa mostrar que é a melhor opção.

Plano de ações

Elabore um plano de *marketing* 360°. Ensaios fotográficos e vídeos impactantes para campanhas. Lembre-se: a estrela é o imóvel.

- Dossiê completo da propriedade: plantas, *tour* virtual, documentos, histórico de valorização etc.
- Estratégia digital: anúncios segmentados para o público-alvo e corretores parceiros.

- *Feedbacks* periódicos para o vendedor. Mesmo que "nada esteja acontecendo", mantenha a comunicação. Traga soluções, pense fora da caixa, seja criativo.

Cada imóvel de luxo é único e exige criatividade no processo, com ações específicas para ele. Por isso, é necessário entender todos os pontos fortes e desafios de cada propriedade a fim de encontrar a fórmula do sucesso para cada gestão exclusiva.

Relacionamento com o proprietário

Transparência, constância e comunicação são fundamentais. Não basta captar: é necessário manter o cliente confiante durante todo o processo. Crie uma agenda de *follow-ups* periódicos e envolva o cliente no processo.

Rede de corretores

O maior erro nas gestões exclusivas é a falta de energia ao trabalhar com outros bons corretores. Eles são parte essencial para o sucesso do negócio.

Trate sua rede como prioridade: boa parte das vendas virá dos parceiros. As maiores vendas que já fizemos foram todas em parceria.

A maior dor dos proprietários é achar que os outros corretores não estarão trabalhando o imóvel. Mostre e comprove, com ações constantes, que os melhores estão com você.

Promova *open houses*, eventos, mídia direcionada e relatórios constantes com dados. Invista em comunicar para vender!

Tratar a gestão exclusiva com seriedade é sair do papel de corretor comum e se tornar um verdadeiro estrategista do mercado.

Foco total em seu produto

Todos os dias você precisa fazer ações para fomentar o negócio. Não fique parado esperando um *lead* surgir, é preciso ser criativo no on-line e no off-line. Os corretores estadunidenses são craques em estratégias fora da caixa. Para ter inspiração, sugiro assistir a *reality shows* como *Million Dollar Listing* e *Dominando Manhattan*, entre outros.

Ao longo dos anos, percebi que a gestão exclusiva me tornou um profissional muito mais completo. Ela exige mais entrega, mais estudo e mais visão de longo prazo, mas também me trouxe uma base sólida de clientes, previsibilidade financeira e, principalmente, a sensação de estar no controle da minha carreira. Não se trata apenas de vender imóveis. Trata-se de construir uma reputação, gerar impacto real na vida das pessoas e ser reconhecido como alguém que entrega valor em cada etapa do processo.

Se você quer crescer no mercado de luxo, pense como um estrategista. Escolha trabalhar menos com volume e mais com qualidade. Uma boa gestão exclusiva pode ser o ponto de virada de sua jornada no mercado imobiliário.

Recentemente, fiz a gestão de um imóvel que estava há mais de um ano no mercado com diferentes corretores, sem sucesso. O proprietário já estava descrente de que a venda fosse acontecer. Ao assumirmos a gestão exclusiva, reposicionamos o imóvel, ajustamos a precificação, reformulamos toda a apresentação e ativamos nossa rede de corretores com uma estratégia direcionada. O resultado? Vendemos em menos de dois meses e o proprietário ficou extremamente satisfeito, oferecendo-nos, inclusive, outro imóvel para vender.

Esse é apenas um exemplo entre muitos. A gestão exclusiva funciona, mas exige comprometimento, método e visão. Quando você domina isso, os resultados aparecem – e não apenas em vendas, mas em relacionamento, reputação e novas oportunidades.

Quando falamos em imóveis de alto luxo, falamos também de um perfil de cliente altamente exigente, criterioso e, muitas vezes, com um nível de sofisticação que vai além da metragem, localização ou acabamento do imóvel. Esse cliente valoriza tempo, discrição, postura, argumentação de alto nível, domínio de mercado e, acima de tudo, uma experiência que transmita segurança em cada etapa da jornada de venda.

Ele não quer apenas um corretor. Ele busca um conselheiro estratégico, alguém que compreenda os bastidores do mercado, que domine os dados e consiga antecipar movimentos – alguém com quem ele se sinta à vontade para compartilhar decisões importantes que envolvem patrimônio, família e futuro.

Nesse cenário, a gestão exclusiva deixa de ser apenas uma técnica de venda para se tornar um modelo de atendimento consultivo. Ela permite ao profissional não apenas controlar a operação, mas mergulhar a fundo nas necessidades reais do cliente, construindo uma relação pautada em confiança, previsibilidade e resultado.

O universo de altíssimo padrão é feito de detalhes. Às vezes, o sucesso da operação está em ajustar um único ponto na narrativa do imóvel, escolher o momento certo para ativar um canal específico de divulgação ou saber exatamente quem convidar para um *open house* direcionado. E isso só é possível quando você vive o processo por inteiro.

O corretor que decide trilhar esse caminho precisa entender que vender um imóvel de luxo vai muito além de abrir portas e apresentar plantas. Exige estudo constante, repertório, sensibilidade e capacidade de se posicionar com autoridade sem perder a empatia. Exige postura, vestimenta, linguagem e até tempo de resposta alinhado às expectativas de quem está do outro lado.

A recompensa? Muito além da comissão. É o privilégio de estar inserido em um círculo mais seleto, com chances reais de construir uma carreira sólida, de longo prazo, com reconhecimento, indicações e oportunidades que não estão disponíveis para todos.

Trabalhar com exclusividade no mercado de luxo é também uma escolha de posicionamento. É sair do piloto automático da corretagem comum e se colocar no mercado como um especialista – alguém que entrega valor real, que entende profundamente seu produto e, principalmente, que sabe lidar com pessoas que estão acostumadas a serem atendidas no mais alto nível.

Gosto de lembrar citando trechos de dois grandes formadores europeus que admiro:

> É preciso saber como agir com este cliente de luxo para que ele se identifique ou 'deixe entrar' o profissional de mediação no seu círculo, que, além do que é expectável para este segmento, espera mais conhecimento analítico, mais personalização de serviço e, acima de tudo, uma experiência com alguém em quem possa confiar.
>
> (Massimo Forte – autor, palestrante, formador de mercado imobiliário residente em Portugal.)
>
> No segmento de luxo, a exclusividade é uma ferramenta estratégica que garante controle, consistência na comunicação e alinhamento entre expectativas e resultados. Este perfil de cliente valoriza confidencialidade, sofisticação no atendimento e eficiência no processo. Quando o imóvel está sem exclusividade, a informação circula de forma desorganizada e sem critério. Com exclusividade, eleva-se a percepção de valor e assegura-se um serviço verdadeiramente premium.
>
> (Mônica Silva – mentora e treinadora de corretores e imobiliárias na Europa e Brasil.)

"No luxo, gestão exclusiva não tem a ver com vender imóveis. Trata-se de construir confiança, reputação e resultados consistentes."

Thiago Granato

Vitor Dias

Meu nome é Vitor Dias, natural de Rondonópolis/MT, onde atuo como corretor de imóveis. Tenho 27 anos e ingressei no mercado imobiliário em agosto de 2016, aos 19 anos. Desde então, minha trajetória tem sido de constante crescimento e transformação. Em maio de 2020, juntei-me à franquia imobiliária RE/MAX Trieto, onde alcancei marcos excepcionais.

Em 2022, fui o terceiro melhor corretor agente single do Brasil, atingindo o Chairman's Club, com um faturamento em VGC (Valor Geral de Comissão) de R$ 1,7 milhões. Em 2023, me tornei o corretor número um do Brasil, conquistando o Titan Club, com um faturamento de R$ 2,7 milhões. No ano de 2024, repeti o feito, alcançando o Pinnacle Club, com VGC de R$ 5,7 milhões, uma marca histórica para a RE/MAX Brasil. Minha trajetória na rede durou cinco anos e se encerrou em maio de 2025. Estou animado para compartilhar minha experiência e aprendizado neste livro.

vitordiascorretor

MANUAL DO CORRETOR DE LUXO

32 ENTENDA O CLIENTE, FECHE O NEGÓCIO PERFEITO

Por Vitor Dias

Vamos iniciar este capítulo me conhecendo um pouco melhor. Meu nome é Vitor Dias e meus primeiros passos no mercado imobiliário começaram quando eu tinha apenas 19 anos. Antes disso, eu trabalhava na área de Tecnologia da Informação (TI), mas fui demitido e logo me vi desempregado. Nessa fase desafiadora, minha mãe havia aberto uma imobiliária e me convidou para ajudá-la na recepção enquanto eu buscava um novo emprego. A ideia era que eu estivesse ali por um tempo, apenas até encontrar algo melhor.

Contudo, como sabemos, a vida pode ser cheia de surpresas. Após alguns meses na recepção, minha mãe decidiu que era hora de me lançar no campo das vendas. Assim, ela me levou até um loteamento em minha cidade, onde os lotes estavam sendo vendidos por valores que variavam de R$ 50 mil a R$ 70 mil. Com apenas 19 anos e praticamente sem experiência, comecei do absoluto zero: panfletando na rua e realizando plantões na porta de supermercados.

Depois de três meses de esforço, finalmente atendi um cliente potencial que demonstrou interesse em adquirir um imóvel. No entanto, a venda não foi simples: esse cliente decidiu financiar a compra por meio de uma carta de crédito, o que levou cerca de um ano até que a transação se concretizasse. Esse período foi um grande aprendizado para mim.

Estou compartilhando essa história para que você entenda que não comecei diretamente no mercado de luxo. No início da carreira, enfrentei dificuldades, como qualquer um. A verdade é que realmente comecei a mudar de vida quando compreendi algumas coisas fundamentais sobre vendas e atendimento ao cliente. E vou compartilhar tudo isso neste capítulo.

Durante quatro anos, atuei nesse mercado de lotes e apartamentos de padrão baixo e médio. A primeira grande virada na minha carreira aconteceu quando vendi meu primeiro apartamento de R$ 300 mil. Para alguém que estava acostumado a vender lotes de R$ 50 mil e ganhar apenas R$ 1.800 de comissão, a sensação de receber cerca de R$ 7 mil em honorários em uma única venda foi extraordinária. Isso ocorreu em dezembro de 2017 e acendeu uma chama dentro de mim, mostrando que eu poderia realmente mudar minha trajetória no segmento imobiliário.

A partir desse momento, decidi investir em mim mesmo, buscando capacitação para aumentar minhas vendas e atender melhor meus clientes. Naquela época, não contava com muitos cursos on-line ou mentorias disponíveis; então, meu principal recurso de aprendizado foi o YouTube. Assisti a vídeos sobre vendas, técnicas de negociação e atendimento ao cliente.

Em 2020, tomei uma decisão que mudaria minha vida: deixei a imobiliária de minha mãe e entrei para a RE/MAX Trieto, que era a imobiliária que mais vendia imóveis na minha cidade. Esse passo foi um divisor de águas na minha carreira, pois passei a atuar no mercado de alto padrão, algo que eu nunca havia feito antes e que me desafiou de várias formas.

Embora estivesse em uma imobiliária renomada, não me contentei em aprender apenas com o que a imobiliária me oferecia. Busquei me especializar ainda mais, participando de eventos em São Paulo e fazendo mentorias para melhorar meu desempenho. Aprendi que minha empresa sou eu mesmo, e o maior investimento que poderia fazer seria em minha capacitação. O conhecimento adquirido durante esse tempo foi fundamental para meu desenvolvimento.

Ao longo dos anos, fui aprendendo como funciona a jornada de compra do cliente e percebi que muitos corretores cometem erros não por falta de habilidade, mas por não entenderem a importância de ouvir e compreender as necessidades do cliente. Para se destacar em um mercado tão competitivo, é essencial dominar essas dinâmicas e, mais importante, aplicar esse conhecimento na prática.

Após quase nove anos de experiência, cheguei à conclusão de que existem duas formas principais de atuar no mercado imobiliário:

1. trabalhar com o cliente vendedor;

2. trabalhar com o cliente comprador.

Esses dois modelos têm abordagens completamente diferentes, e o corretor que consegue entender essas diferenças se destaca no mercado.

Trabalhando com o cliente vendedor

Um erro comum entre os corretores é dar pouca atenção ao cliente vendedor. Muitos acreditam que apenas o comprador é importante, mas é vital lembrar que, sem o vendedor, não existirão vendas! Ambas as pontas são cruciais, e a forma de trabalhar com cada uma delas deve ser distinta.

O cliente vendedor tem um objetivo muito claro: vender seu imóvel. Se o corretor entender que, ao trabalhar com o cliente vendedor, representando-o de forma exclusiva, ele pode garantir 50% da intermediação, isso muda completamente a abordagem. O primeiro contato com o vendedor é de extrema importância. Muitos profissionais focam apenas na venda ao comprador, mas é fundamental se posicionar como o profissional em que o vendedor pode confiar para representar seu imóvel.

Quando você tem um contrato de representação assinado pelo vendedor e avalia o imóvel a um preço justo – de acordo com o mercado ou um pouco abaixo, dependendo da urgência na venda –, isso estabelece uma base sólida para garantir a venda futura. Essa compreensão sobre a importância de vender para o vendedor é crucial. Além disso, é essencial sentar e ouvir os motivos que levam o cliente a querer vender seu imóvel. Saber se ele está com urgência ou se está apenas testando o mercado pode direcionar como você conduzirá todo o processo de venda, lembrando que não adianta ter uma representação exclusiva com preço acima do valor de mercado que é perda de tempo para o cliente vendedor e para o corretor que o representa. Por isso, é fundamental orientar e mostrar os estudos de mercado para o cliente.

Mas como você vai vender o imóvel que está representando? Uma das chaves é estabelecer parcerias com outros corretores. O corretor que trabalha com o cliente vendedor deve ter uma boa rede de contatos, especialmente com colegas que trabalham com clientes compradores. Além disso, é fundamental preparar o melhor material possível sobre o imóvel, reunir toda a documentação e garantir que não há empecilhos que possam atrapalhar a venda. Isso é vital para construir confiança entre os corretores e realizar a venda do imóvel.

Além das parcerias, é necessário investir em anúncios e campanhas para atrair potenciais compradores. Se um colega corretor não tiver o mesmo espírito de colaboração e não estiver disposto a trazer clientes para conhecer o imóvel da representação exclusiva, você poderá contar com seus próprios anúncios. Dessa forma, um corretor que não fizer parceria não receberá nada e o cliente dele pode vir até você por meio de seu anúncio – caso você realize um bom trabalho, pode acabar vendendo o imóvel sozinho e ganhando 100% da intermediação.

Trabalhando com o cliente comprador

Vamos agora falar sobre o cliente comprador. Se você não entender o que ele está realmente buscando, gastará tempo e poderá acabar perdendo a venda. Essa é uma das dores mais comuns entre corretores: dedicar horas a atender compradores, mostrar dezenas de imóveis e, no fim, ver o cliente decidir comprar com outro corretor. Isso pode ser extremamente frustrante e desencorajador.

Muitos corretores passam a acreditar que vender um imóvel é apenas uma questão de mostrar esse imóvel e tentar forçar a venda. Essa abordagem costuma resultar na perda de várias oportunidades, pois, com ela, o corretor não escuta o cliente. Uma boa prática é ouvir mais do que falar e, ao mesmo tempo, fazer as perguntas certas. Cada atendimento é único e, assim como não somos todos iguais, os compradores também têm suas particularidades.

Por isso, ao iniciar um atendimento, faça algumas perguntas básicas.

- Para qual finalidade você está procurando um imóvel?
- Quantos quartos são adequados para você e sua família?
- De quantas garagens você precisa?
- Como você pretende realizar o pagamento?

Essas perguntas ajudam a direcionar a conversa. É importante que você faça isso de forma delicada, principalmente sobre a forma de pagamento. Essa questão pode ser crucial, pois permitirá entender a situação financeira do cliente.

Compreender como o cliente pretende adquirir o imóvel, se à vista, via financiamento ou se precisa vender um imóvel atual para efetivar a compra, ou até mesmo colocar algum imóvel ou veículo como parte de pagamento, fornece informações valiosas que ajudam a personalizar o atendimento. Lembre-se de que cada cliente é uma pessoa única; até o tom de voz pode mudar de um cliente para o outro. Alguns precisarão de mais atenção, enquanto outros podem ser mais reservados e não falar muito. O importante é estar atento e adaptar sua abordagem às necessidades de cada cliente.

Se o corretor que trabalha com o comprador não conseguir entender suas necessidades nos primeiros atendimentos e não for certeiro ao apresentar os imóveis, a chance de venda diminui a cada novo imóvel inadequado mostrado ao cliente. O tempo dele é precioso!

Em uma experiência que tive, vendi uma casa para um cliente que já havia olhado vários imóveis no condomínio com outros corretores. Por meio de algumas perguntas, consegui entender o que ele procurava e, na primeira visita ao imóvel, já havia uma proposta e o fechamento ocorreu no dia seguinte. Essa habilidade de entender o cliente rapidamente não só economiza tempo, mas também permite que você atenda a um maior número de pessoas.

Essas dicas são para corretores ou vendedores de outras áreas que possam se inspirar na minha experiência para elevar seu nível de atendimento. O objetivo é realmente entender o cliente, fechar negócios de maneira mais eficiente e, assim, reduzir a perda de vendas para outros corretores. Ao melhorar seus resultados, você pode transformar não apenas sua vida profissional, mas sua qualidade de vida e a vida de sua família.

“Entender o cliente é fundamental. Se você não o fizer, outro corretor fechará a venda.”

Vitor Dias

EDITORA
CHAVE MESTRA®

Instagram: @editorachavemestra

E-mail: editora@editorachavemestra.com.br

***Site*:** www.editorachavemestra.com.br